Copywriting Dicas Apenas para Iniciantes

THEODORO SILVA

Copywriting Dicas Apenas Para Iniciantes

Título: Copywriting Dicas Apenas Para Iniciantes

Título Original em Inglês: Copywriting Tips Only For Newbies

Copyright © 2022 por Theodoro Silva

Todos os direitos reservados. nenhuma parte desta publicação pode ser reproduzida, distribuída ou transmitida de qualquer forma ou por qualquer meio, incluindo fotocópia, gravação ou outros métodos eletrônicos ou mecânicos, sem a permissão prévia por escrito do editor, exceto no caso de breves citações incorporadas em revisões críticas e outros usos não comerciais permitidos pela lei de direitos autorais. Para solicitações de permissão, escreva para o editor, endereçado a "Atenção: Coordenador de Permissões", no e-mail abaixo.

E-mail: copywriting_dicas_book_ptbr@aol.com

ISBN Nº 9798835755035
Imprint: Independently published

Número de controle da Biblioteca do Congresso: 00000000000

Quaisquer referências a eventos históricos, pessoas reais ou lugares reais são usadas de forma fictícia. Nomes, personagens e lugares são produtos da imaginação do autor.

Imagem da capa do autor.

Design do livro pelo autor.

Primeira edição de publicação 2022, junho.

BEM-VINDO

Parabéns pela sua decisão de conhecer algumas informações sobre a Arte do Copywriting.

Aviso que todas as palavras foram cuidadosamente selecionadas para lhe proporcionar a maior quantidade de conteúdo, com qualidade, conforto e leveza.

Para ser copywriter, o único requisito é: **Ser VOCÊ!**

A habilidade única que você precisa é: **Ser VOCÊ!**

No universo digital, o que importa é a "Criatividade".

E a "Criatividade" é **Você**, **Você** é o "Criatividade".

<u>Todo ser humano</u> tem uma capacidade infinita de criação.

Basta começar a criar. E depois de começar, a quantidade e a qualidade da criação aumentarão sucessivamente.

A educação formal não é necessária.

Se você precisa de algum conhecimento técnico específico, poderá subcontratar outras pessoas também.

Com as informações iniciais sobre copywriting deste livro, você será capaz de:

I - Melhorar seus relacionamentos pessoais ou profissionais.

II - Melhorar a redação dos comentários que você faz nas redes sociais.

III - Melhorar a redação das campanhas sem fins lucrativos em sua igreja ou instituição.

IV - Começar um negócio como freelancer escrevendo e-mails, anúncios, etc para vender para seus clientes.

V - E muito mais...

ESCLARECIMENTOS

Este livro foi escrito apenas para fins informativos. O Autor e o Editor se esforçaram para serem o mais precisos e completos possíveis na criação deste livro, apesar do fato de que ele não garante ou declara a qualquer momento que o conteúdo é preciso devido a natureza do Mundo de viver em rápidas constante mudanças.

As informações aqui apresentadas representam as opiniões do autor na data de publicação. Devido à velocidade com que as condições mudam, o autor se reserva o direito de alterar e atualizar suas opiniões com base nas novas condições.

O autor e a editora não garantem que as informações contidas neste livro sejam totalmente completas e não serão responsáveis por quaisquer erros ou omissões.

O autor e o editor não terão obrigação nem responsabilidade perante qualquer pessoa ou entidade com relação a qualquer perda ou dano causado ou alegadamente causado direta ou indiretamente por este livro.

Embora todas as tentativas tenham sido feitas para verificar as informações fornecidas nesta publicação, o Editor não assume nenhuma responsabilidade por erros, omissões ou interpretações contrárias do assunto aqui tratado.

Quaisquer desrespeitos percebidos de pessoas ou organizações específicas não são intencionais.

Nos livros de conselhos práticos, como em qualquer outra coisa na vida, não há garantias de renda ou aprimoramento de habilidades.

Os leitores são advertidos a responder em seu próprio julgamento sobre suas circunstâncias individuais para agir de acordo.

O leitor deve entender que as informações fornecidas não constituem aconselhamento jurídico, médico ou profissional de qualquer tipo.

Este livro não se destina a ser usado como fonte de aconselhamento jurídico, comercial, médico, contábil ou financeiro, portanto as informações fornecidas não constituem aconselhamento médico ou profissional de qualquer tipo.

Todos os leitores são aconselhados a procurar os serviços de profissionais competentes nas áreas jurídica, médica, comercial, contábil e financeira ou quando necessário.

Sem Responsabilidade: este produto é fornecido "como está" e sem garantias. Todas as garantias, expressas ou implícitas, são por meio deste renunciadas. O uso deste produto constitui a aceitação da política de "Sem responsabilidade". Se você não concordar com esta política, não terá permissão para usar ou distribuir este produto. Não seremos responsáveis por quaisquer perdas ou danos (incluindo, sem limitação, perdas ou danos consequentes) direta ou indiretamente decorrentes do uso deste produto.

Tabela de conteúdo

Capítulo		Página
	Introdução	11
1	Perguntas que você precisa ter ao escrever uma copy incrível	16
2	Escrevendo uma copy	23
3	Necessidades da copywriting bem-sucedida	31
4	Escrevendo uma copy de alta conversão	42
5	Aproveitando o poder das palavras	57
6	Fórmula de Copywriting para SEO (Search Engine Optimization)	72
7	Decidindo o comprimento perfeito da sua copy	86
8	Verifique o que significam as palavras para o seu público-alvo	94
9	Cores e seus significados	101
10	Números e seus significados	110
11	Formas geométricas e seus significados	112
12	Teste, teste e teste	116
13	Crie seu arquivo swipe e arquivo do perfil do cliente	118
14	Fazendo sua autocopy (Aaliação de autodesempenho)	121
15	Iniciando seu negócio como copywriter freelancer	134
16	Quanto devo cobrar pelos serviços de copywriting	142
17	Fazendo um contrato escrito	149
18	Contratação com clientes	154

19	Contratação com trabalhadores	168
20	Contrato de uso de depoimento, imagem e streaming	196
21	Aprendendo a dizer "NÃO"	199
	Conclusão	201

Introdução

Escrever um bom texto é uma habilidade que muitas pessoas deveriam aprender, independentemente de quererem ou não ser redatores de publicidade. Se você envia muitos e-mails, faz comentários nas redes sociais e faz campanhas sem fins lucrativos. Essas mesmas habilidades e táticas se aplicam a você também.

- *C*opywriiting é uma técnica exclusiva que permite a promoção de produtos, eventos especiais lucrativos ou sem fins lucrativos, pessoas físicas ou jurídicas. Copywriting é considerado um dos elementos mais importantes de qualquer estratégia de marketing.

- ***Copywriter*** é o profissional responsável por produzir conteúdo focado em converter a leitura do anúncio em metas, ou seja, que encaminhe o leitor para uma ação específica. Seus textos são altamente persuasivos e podem levar o público a comprar um produto, doar para uma instituição de caridade, contratar um serviço ou assinar uma newsletter, por exemplo.

- ***cópy*** é o produto final do trabalho de um copywriter. O redator usa técnicas de redação para criar uma copy. Exemplos de copy: Anúncios, Peças Publicitárias, Roteiros de Vídeo, Artigos / Redação SEO, E-mails, Roteiros de Telemarketing, Cartas de Vendas, etc.

- ***Copyrights*** significa o direito legal que alguém tem de controlar a produção e venda do livro, peça, filme, fotografia, peça musical, etc. por um determinado período.

O símbolo © significa que um indivíduo ou empresa detém os direitos de determinado material e pode proteger esse material contra uso ilegal por agentes não autorizados. O objetivo é impedir o uso ilegal do trabalho de alguém.

Copywriting deve ser considerada como uma ferramenta para ajudar você ou sua empresa a promover a si mesma ou seus produtos e serviços. A maioria das pessoas encontra ou "descobre" seu site ou produto e serviços pelos termos de pesquisa ou palavras-chave que inserem nos mecanismos de pesquisa.

Como é feito a copywriting?

Embora o copywriting tenha mudado na última década devido ao uso generalizado da internet, algumas regras fundamentais ainda se aplicam.

Por mais simples que A copywriting possa parecer, ela deve incluir vários elementos vitais:

➡ **Primeiro:** Deve ter um título intrigante e atraente que incentive o leitor a explorar mais o conteúdo de sua copy. Deve conter subtítulos onde as principais características do título são reformuladas.

A parte mais significativa da copy é o corpo que contém os pontos principais do seu texto. Deve ser fácil de ler e estruturado de forma lógica e coerente.

➡ **Segundo:** O conteúdo ideal da copy deve destacar os benefícios do produto e sua singularidade e indicar claramente as razões pelas quais as pessoas devem comprar de você ou contribuir para sua campanha de caridade.

É preciso lembrar que existem muitos outras, empresas e sites que podem vender produtos e serviços idênticos aos seus ou fazer a mesma campanha beneficente.

Para ter sucesso, você deve se destacar da multidão. Essa técnica deve ser aplicada tanto na escrita offline quanto online e, se a técnica for realizada profissionalmente, levará ao aumento do tráfego para seu site.

Ao escrever uma copy, lembre-se de que um dos elementos mais importantes do conteúdo é a persuasão.

Você deve persuadir as pessoas a fazerem todos os esforços para comprar com você ou contribuir para sua campanha, e comprar seu produto ou serviço, não do seu concorrente. Se os princípios de persuasão, ação, desejo e motivação forem aplicados em sua copy, você pode ter certeza de que ela trará resultados positivos.

Capítulo 1

Perguntas que você tem ao escrever uma copy incrível

Ao iniciar uma copy, você sempre precisa saber as respostas para essas duas perguntas:

> *« Por que seu cliente deve comprar este produto ou serviço? e...*
>
> *« Que benefício tem para ele?*

ou, se for entidade sem fins lucrativos:

> *"Por que o doador doaria para esta campanha?"*

« *Que valores e benefícios esta campanha representa?*

Tente encontrar uma maneira de fazer sua copy se destacar da multidão.

Procure uma copy semelhante e procure um ângulo ou gancho diferente. Tenha um propósito específico para a sua Copy. Mas pense em ajudar a resolver problemas oferecendo soluções. Aproveite o tempo para escrever um bom título. Se o seu título for fraco, o leitor provavelmente não lerá sua copy.

Se você estiver escrevendo e-mails, esta seção se refere à sua linha de assunto. Dê ao seu leitor um bom motivo para abrir seu e-mail.

Vamos considerar alguém vendendo um carro. Se a aparência da loja não estiver causando uma boa impressão nos clientes, ninguém comprará os carros.

Portanto, você deve garantir que sua copy capture o interesse dos leitores em relação ao seu produto, serviço etc., uma vez que possa responder a essas cinco perguntas básicas, que são:

Como minha vida será melhorada?

É nesta fase que você precisa entender os apelos emocionais que atraem seus clientes potenciais como mariposas para uma chama. Possivelmente, eles querem se tornar mais ricos, mais bonitos, mais populares ou mais magros, mais inteligentes ou querem economizar dinheiro, esforço ou tempo.

Prospect é um potencial comprador de um produto ou serviço (ou doador) que ainda não fez uma compra. Esta é a pessoa mais importante em qualquer esforço de redação/marketing. A chave para o sucesso é conhecer seu cliente em vários níveis para que você possa escrever uma copy que ressoe e impulsione a ação.

Capitalize as necessidades que atrairão seu prospect, depois de pesquisar seu nicho de mercado e indicar quais botões emocionais pressionar, pois isso aumentará seus resultados imediatamente.

- **O que eu ganho com isso?**

A regra número um da habilidade de vendas ainda afirma que as pessoas compram apenas por uma razão, que é obter os resultados de um produto ou serviço (o que elas vão ganhar com isso?).

Você deve ser rápido para chamar a atenção deles para obter isso desde o início com seu título. A manchete diz aos leitores o que eles vão conseguir de uma vez.

- **O que acontece se eu disser "não"?**

  Não há como seus clientes potenciais dizerem "não", isso é básico. Lembre-os dos problemas que estão tendo, das frustrações, quanto dinheiro eles vão perder, ou quão tristes são suas vidas atualmente, e deixe-os saber como eles podem transformar tudo de uma vez, apenas por um pequeno investimento em seu produto.

  Por que eu deveria confiar em você?

  Quando se trata de tirar a carteira do bolso para comprar determinado produto, as pessoas ficam incrédulas. Você deve tirar as dúvidas de seus clientes dando depoimentos positivos e enfatizando os benefícios do seu produto.

  Se você não tiver depoimentos para o seu produto, explore fóruns relacionados ao seu nicho e obtenha depoimentos para sua copy. Com depoimentos, você obterá uma ótima resposta em pouco tempo.

- **Vou ficar preso com o seu produto?**

Você fecha o negócio aqui dizendo a eles que fornece uma garantia de 100% de satisfação se eles fizerem o pedido agora.

Por pesquisas, 70% das pessoas que compram um produto não o devolverão.

Portanto, o mais importante é levá-los a comprar, a menos que tenham visto algo semelhante antes e o resto depende de suas escolhas ou apenas planejou "não comprar" desde o início.

Você não apenas ganhará uma vantagem injusta sobre a concorrência quando tiver todas essas dicas para responder às perguntas de seus clientes em potencial, mas também permitirá que eles sejam informados em sua copy que você se preocupa com os problemas deles e que você tem a chave para a solução que eles precisam.

Capítulo 2

Escrevendo uma copy

Aqui estão nove orientações muito práticas para escrever sua próxima copy, mas evite fazer um tutorial.

O tutorial consiste em conteúdo criado para ensinar uma técnica ou tema relacionado a uma determinada área. As informações transmitidas nos tutoriais, via de regra, apresentam um "passo a passo" sobre determinado tema, ensinando as funções básicas e tirando as dúvidas comuns.

I. Coloque o item mais longo no final do texto

Quando você começa com o fácil e vai até o complexo, fica menos confuso e torna o final da frase mais marcante.

II. Evite os verbos "ser" e "estar"

Não escreva esses verbos, pois eles apenas ocupam espaço e afirmam que algo existe. Escreva "Uma simples omissão pode mudar brilhante em uma frase chata" em vez de escrever "Há uma simples omissão que pode mudar uma frase de brilhante para uma frase de chata". Da mesma forma, escolha "Executar o novo programa em nosso escritório em Nova York" em vez de "Vamos estar executarndo o novo programa em nosso escritório em Nova York".

III. Os detalhes são mais convincentes

Não use palavras como vários, aproximadamente, muitos, quase e outras palavras modificadoras de significado, a menos que seja necessário por motivos legais. Com base em testes, pesquisas, resultados, etc. Os detalhes mostram aos leitores que você sabe o que seu produto pode fazer.

4. Modifique o vizinho

Certifique-se de que suas palavras modificadoras se aplicam honestamente à cláusula relevante (cláusula vizinha). Você evitará essas gafes quando fizer isso. Veja "Eu bati em um caminhão parado vindo na direção oposta (o caminhão não estava atravessando a estrada; estava parado).

Você parecerá sóbrio e é melhor dizer: "Eu estava atravessando a estrada e bati em um caminhão parado". Você ainda vai pagar a consequência de bater em um caminhão parado, mas é melhor dizer a verdade.

V. Suas frases são intermináveis?

Você não precisa usar frases sinuosas que parecem nunca acabar porque você está fornecendo informações sobre o que significam questões técnicas ou jurídicas complexas. Não continue indefinidamente.

Por exemplo, pare e diga diferente: "Os feixes de laser têm muitas características que os diferenciam do feixe normal".

"São produzidos quando os átomos emitem energia na forma de ondas eletromagnéticas", em vez de dizer

"Feixes de laser, que possuem muitas propriedades que os distinguem do brilho normal, que resulta da emissão de energia na forma de ondas eletromagnéticas".

VI. Evite repetições, use verbos simples

Verbos distintos muitas vezes podem ocupar dois verbos comparáveis. Vá para "O computador estava funcionando com eficiência" em vez de "O computador estava funcionando e funcionando sem problemas". Ou, vá para o direto "Ele ficou sem gasolina" em vez de "Ele ficou sem gasolina e o tanque estava vazio".

VII. Mostrar uma discrepância no comprimento da frase

Com o mesmo comprimento, as frases podem ser chatas em uma sequência, então comece com uma frase curta ou pelo menos uma média e depois vá aumentando para média, longa, curta ou qualquer arranjo que seja conveniente. A robótica ocorre se você imaginar um indivíduo falando em frases que são todas do mesmo tamanho.

VIII. Evite exagerar o óbvio

A redundância não é boa para uma escrita clara, mas é boa para viagens espaciais. Frases como "totalmente concluído", "antecipar" ou "essenciais vitais" comunicam muito pouco e deixam seus leitores chateados.

O mesmo é aplicável para unir dois ou mais sinônimos como "ações e comportamento" ou "pensamentos e ideias" ou apenas querer reforçar uma palavra com um sinônimo desnecessário ou fazer os leitores se perguntarem se você quis dizer duas coisas diferentes.

IX. Seja doce e curto

Por que usar uma frase de quatro a cinco palavras quando uma frase de uma ou duas palavras funciona bem sem perder seu significado? Palavras como "desde" ou "porque" podem substituir declarações como "em vista do fato de que". Isso é significativo principalmente porque significa economizar palavras, especialmente para um anúncio em um jornal ou revista, quando você está pagando pelo espaço do anúncio.

Siga estas regras simples da próxima vez que tiver problemas com aquela mala direta ou carta de vendas ou página da web, pois elas o ajudarão a comunicar sua mensagem com mais clareza e com maior poder de venda. Use as 26 letras do alfabeto da língua portuguesa com sabedoria.

Capítulo 3

Necessidades da redação bem-sucedida

★ **Entenda seu público-alvo**

É muito mais fácil escrever para alguém quando você tem um pouco de conhecimento sobre ele. Você deve criar uma imagem mental ou escrita de quem é seu público-alvo. Qual é a idade deles, onde moram e sua renda média, bem como seus gostos e desgostos.

Seu o conteúdo da sua copy deve ser interessante, atraente e envolvente, independentemente do produto ou serviço que você oferece no mundo competitivo e em rápida mudança de hoje.

Compor e estruturar uma copy que chame a atenção de vários mecanismos de pesquisa e aumente sua chance de aumentar o tráfego para seu site não é suficiente para ser bem-sucedido.

Você deve prestar atenção em como o texto ficará em seu site, anúncio, e-mail ou carta de vendas.

Um dos maiores erros que muitos redatores cometem, tanto indivíduos quanto empresas offline e online, é criar e escrever uma copy que capture praticamente todos os clientes de uma só vez.

Para alcançar a eficiência, sua copy deve ser endereçada a cada prospect pessoalmente e não a um grupo de pessoas.

Será uma frase mais fraca usar "Nossos serviços são acessíveis aos nossos clientes". Você pode ver que ficará mais forte se disser: **"Você descobrirá que nossos serviços são acessíveis"**.

Com isso, você entenderá melhor as peculiaridades do seu prospect se comunicar e abordá-las diretamente.

Uma coisa certa é que sua empresa deve fornecer serviços para vários clientes potenciais; ainda assim, você deve manter contato direto e individual com cada pessoa.

Em copywriting para a internet, saber isso serve como uma ferramenta muito útil.

A comunicação individual, simples e direta deve ser um princípio que deve ser mantido se você estiver escrevendo uma copy de SEO (sites de pesquisa), carta de vendas, folheto ou apenas publicidade. Caso contrário, seu conteúdo pode perder alguns recursos.

Certifique-se de ter um estilo simples e fácil de ler e mantenha uma abordagem pessoal, mesmo ao escrever copy online. Seu conteúdo deve ser estruturado para atingir um público-alvo.

É muito importante adicionar o processo de redação à pesquisa de marketing para que você conheça seu cliente em potencial.

Você será capaz de projetar e escrever conteúdo que ande de mãos dadas com suas expectativas e desejos. Evite conteúdo mal escrito, pois desperdiça habilidades, energia e tempo. Evite isso por todos os meios.

- Usar títulos

    "**AUMENTE OS LUCROS** em **$ 1,000.00** ou mais aprendendo uma técnica **GRATUITA** em menos de dois minutos!"

    Esse título não chamou sua atenção?

    Você não está ansioso para aprender o que essa incrível técnica gratuita pode ser?

    A razão é por causa do próprio título!

    Assim como você foi capturado pelo título, você tem a chance de atrair a atenção do cliente. Seu cliente pode estar desligado quando chegar à segunda frase se o título não chamar a atenção dele.

Quando você tem um título forte, é improvável que você perca um visitante, pois ele parará para saber mais.

Em minutos, você pode ganhar dinheiro escrevendo manchetes atraentes apenas mantendo esses poucos pontos.

Com o tempo, quando você dominar isso por meio do aprimoramento, poderá desfrutar da riqueza embutida neles e que está esperando por você.

- **Seja sempre específico**

   Use cifrões e números reais, pois eles atraem a atenção da maioria dos leitores.

   Existem várias chances de que algum concorrente esteja oferecendo um produto ou serviço semelhante ao seu público-alvo.

   É necessário ficar acima e à frente dos concorrentes, especificamente deixando-os saber o que eles têm a perder e ganhar com você desde o início.

Do exemplo que usamos acima, adicionamos o aumento esperado nos lucros "em $ 1,000.00", não escrevemos "apenas aumentar os lucros". Adicionando esse pouco de informação, ele adicionou um título genérico para ter uma oferta atraente.

Ignoramos milhares de mensagens que recebemos diariamente porque elas criam uma quantia de dinheiro não divulgada em um tempo não divulgado, tornando fácil ignorá-las. Na mesma linha, é difícil simplesmente ignorar um título que mostra como fazer "$ 1,000.00" em menos de dois minutos (este título leva rapidamente à ideia, dando-lhe mais detalhes e tornando-o uma técnica única).

A partir de hoje, comece a capturar a curiosidade dos clientes com seus títulos. Faça suas manchetes cheias de números e fatos.

- **Faça sua escolha de palavras**

  Escolha ganhar (positivo) em vez de não perder (negativo). As manchetes devem ser sempre positivas e encorajadoras. Deixe seu título ser otimista, positivo e inspirador para que os clientes queiram continuar lendo até o final de cada linha.

  Eles ficarão animados e ansiosos para continuar lendo. Preste atenção aos verbos, pensando cuidadosamente em como suas palavras formarão o título.

  «Como suas ações estão sendo descritas atualmente?

  «Caso contrário, alguém pode retratar a mesma ação?

« Que palavras são atraentes para usar?

Por exemplo, você pode descrever sua ação de não ir ao supermercado e decidir ficar em casa. Isso pode ser feito de duas maneiras: "não vá ao supermercado hoje" ou "fique em casa para assistir ao jogo".

A última citação "Fique em casa para assistir ao jogo" é mais positiva para um título melhor, pois envolve um ato positivo (Ficar) e um resultado positivo (assistir ao jogo). Por outro lado, "não ir ao supermercado" envolve um ato negativo (não ir) com resultado negativo (não ir ao supermercado).

- **Aproveite o tempo para fazer o título**

    Destaque os pontos-chave e use um subtítulo quando necessário. Estas são as quatro principais perguntas que seu título deve responder.

Lembre-se de que fomos ensinados a ser gentis e curtos na maioria dos textos. Isso também pode significar dizer o mínimo de palavras possível. Isso não se aplica aos títulos. Esta é apenas uma frase que deve contar.

O leitor já sabe do que se beneficiar, quando e com que rapidez eles podem começar a se beneficiar do seu produto ou serviço. Dê mais detalhes o máximo que puder.

« **Qual é o seu produto?** (Uma técnica, um livro, etc.)

« **Como isso é usado?** (Sem esforço, diretamente do navegador)

« **Quaisquer requisitos para usá-lo?** (Requer apenas menos de dois minutos do seu tempo)

« Que benefício terei ao usá-lo? (Dobra sua memória; aumenta seus lucros).

Apimente seus títulos com sublinhados em letras maiúsculas, itálico e/ou negrito para transmitir a ideia principal aos seus leitores.

Quando você tiver muitos detalhes importantes para compartilhar, considere usar um subtítulo. Embora o título capte todo o ponto, seu subtítulo deve adicionar mais informações para fechar o negócio. Evite deixá-los juntos para não confundir alguns leitores.

Se o seu título não consegue captar a atenção do leitor, também não pode gerar resultados. O título faz ou quebra os resultados. Repense seu título se achar que ele não está fazendo seu trabalho.

Isso trará mais sucesso e você ficará surpreso por ter tido tempo para incorporar os pontos principais em seu título.

Capítulo 4

Criando uma copy de alta conversão

Já ouviu o ditado de que "se o coração está nele, o cérebro o seguirá"?

É preciso conquistar o coração do comprador que está cansado de receber uma enxurrada de propagandas e cartas de vendas de produtos ou serviços.

É necessário seguir a estrutura passo a passo necessária para que sua copy alcance os resultados. E, criar um plano estrutural que vai ao coração.

A emoção é a chave para comprar qualquer coisa; sejam clipes de papel ou papel comum, as emoções são necessárias para melhorar a compra. Uma vez que a emoção é definida, fatos, especificações e afins são usados para justificar a decisão tomada.

Capturar a emoção do seu cliente está no centro de cada frase e de tudo em sua copy.

A promessa de ganho e o medo da perda são as duas emoções que realmente motivam as pessoas. O mais forte é o medo da perda. Escolher entre "Como evitar ser processado" ou "Economizar dinheiro em taxas legais" como manchetes melhorará uma resposta como exemplo de copy.

As necessidades humanas básicas baseiam-se na manutenção do medo da perda ou da promessa de ganho, o que dá origem a sete gatilhos emocionais. Sua copy deve abordar francamente essas necessidades básicas, independentemente do seu produto ou serviço.

Os sete gatilhos emocionais são:

    i. Lazer.

ii. Auto-satisfação.

iii. Diversão ou emoção.

iv. Popularidade.

v. Fortuna.

vi. Proteção ou segurança.

vii. Boa aparência.

Usar os gatilhos emocionais é muito importante. Então, como você os leva ao coração ou faz com que seus clientes em potencial ajam ou utilizem esse paradigma?

Por exemplo, você chamará a atenção se gritar "Amendoim" de frente para uma platéia em fileiras de arquibancadas em um estádio de beisebol.

Seu chefe lhe deu um saco de amendoins que você deve vender completamente ou será demitido. Portanto, você deve vender.

- **Use um motivador emocional**

Um motivador emocional deve ser usado para atingí-los na cabeça. O que significa que você começar com o exemplo de um envelope. Você pode perguntar: "Quando você viu um envelope branco comum, você se lembra da última vez que correu para abrí-lo?" Lembre-se de que você deve fazer uso da promessa de ganho ou do medo da perda, escrita com ousadia.

- **Vamos considerar esses dois exemplos**

    1. **Ganho:** Neste envelope branco colocamos um milagre para ganhar dinheiro.

    2. **Perda:** Trabalhe duro pelo resto de sua vida e jogue fora.

Eventualmente, o envelope foi aberto e você viu um parágrafo chato sobre sua liderança no setor, contendo frases convencionais sobre dedicação, inovação e comprometimento.

Fazendo uso de nossos principais motivadores: a promessa de ganho ou o medo da perda.

Qualquer um deve estar no título, pois o leitor não deve perder e deve fortalecer o título a ponto de aguçar o apetite para abrir o envelope.

Tanto o título quanto a carta de vendas devem estar juntos em seu impacto emocional e mensagem.

Por exemplo, "Você está a meio caminho de ficar rico se terminar de ler esta copy." Nossa próxima discussão será sobre o texto do corpo, obter o que dizer para deixar seus clientes existentes ou potenciais implorando por seu produto ou serviço. Você deve explorar as pistas para dominar o discurso de vendas perfeito e entrar nas emoções do cliente.

- **Hora do testemunho**

  ★ **Já ouviu falar em perfil?**

  Você insere os principais detalhes de especificação que criam confiança em sua empresa e em você. Isso pode ser feito compartilhando palavras satisfatórias de depoimentos ou citações de seus clientes satisfeitos.

  Ajuda adicionar uma prova à sua copy e, se possível, tentar incluir uma foto, áudio ou vídeo da pessoa. Se você conseguir fazer com que essas pessoas pareçam reais para seus clientes em potencial, isso aumentará sua credibilidade e melhor será sua conversão em vendas. Também ajuda adicionar onde a pessoa mora por cidade ou estado. **Sempre obtenha permissão por escrito antes de adicionar depoimentos (Contrato de Liberação de Propriedade Intelectual).**

Haverá uma vantagem se você conseguir isso de pessoas que seus clientes em potencial reconhecem como importantes ou famosas e de credibilidade pública.

Você pode compartilhar experiências de quanto tempo você está no negócio e compartilhar quaisquer artigos sobre sua empresa e/ou seus produtos que foram apresentados em qualquer tipo de mídia.

Tendo dissipado seus medos de fazer negócios com uma entidade desconhecida, seus clientes em potencial ficarão completamente convencidos de seu produto ou serviço. Eles não vão pensar em você, mas no que você pode fazer por eles para resolver o problema deles. Este é o momento certo para compartilhar seus detalhes porque você construiu confiança.

★ **Elementos de um testemunho eficaz**

Estes são os elementos necessários para um depoimento poderoso. Verifique estes itens antes de postar:

- **Seja específico**

- **Seja autêntico completo**

- **Enfatize os benefícios**

- **Perfil curto**

- **Boas respostas**

- Inclua uma foto de um rosto ou melhor ainda, grave um vídeo curto, streaming, etc.

- Faça aos seus clientes uma oferta que eles não podem recusar

Depois que seus clientes lerem sua copy, faça uma oferta urgente, atraente e irregusável. Ofertas que farão com que eles sintam que não estão perdendo nada além de seus problemas.

Digamos que você combine 3 ótimas ofertas em brindes, condições e preços irresistíveis.

Por exemplo:

1. Você pode fazer uma oferta adicional de uma taxa de juros mais baixa, um afiador de lâminas ou

2. Um preço de varejo com desconto para vendas de um cortador de grama elétrico sem fio.

3. Você pode colocar um benefício adicional como óculos de proteção ou

4. Uma garantia estendida para aumentar o valor percebido do cortador elétrico.

Desta forma, sua oferta será aprimorada com benefícios convincentes.

· **Use uma garantia**

Você precisa arriscar na compra, dando a maior garantia possível, tornando sua oferta à prova de balas e deixando seu cliente saber que você tem certeza sobre seu produto ou serviço. Todo cliente ouve uma pequena voz em sua cabeça que diz: "Você vai se arrepender de comprar isso".

Vá em frente com este compromisso final e apoie-o com uma garantia.

- **Incentive aqueles que estão atrasados**

A mente de alguns leitores está irredutível, mas a carne é fraca quando eles querem comprar.

Eles sabem e estão convencidos de que seu produto ou serviço pode resolver seus problemas. Eles leram sua copy e estão convencidos dos benefícios do seu produto, é hora de explorar o motivador emocional do medo da perda.

Para o exemplo do cortador que estamos usando, você pode explorar esse medo do seu leitor por causa da boa oferta do produto, restam apenas alguns cortadores, ou que a oferta é reservada apenas para os próximos 50 clientes que comprarem, ou a garantia estendida está disponível. apenas por alguns dias.

A promessa de ganho pode fazer o mesmo que o medo da perda.

Outro exemplo poderia ser comprar agora e receber um vale-presente de $ 50.00.

Use palavras de ação simples. Seus leitores são inundados com mensagens todos os dias. Mesmo que tenham uma garantia para o seu produto, cada produto tem um procedimento de compra diferente.

Você precisa descobrir o que os clientes precisam.

Guie-os pelo processo de compra, seja fazendo uma ligação ou fazendo com que eles preencham um formulário e enviem por e-mail.

Deixe que eles tenham uma ideia clara do que estão comprando.

- **Está sempre fechando**

    Ao espalhar sua "chamada para a ação" por todo a sua copy, faça a ressalva: **"A promoção está fechando"**, **"Últimos modelos"**, **"Últimas unidades"**. Não será uma surpresa quando você fizer outra chamada para ação no final da copy, pois servirá como outro lembrete ou, se eles estiverem prontos para fazer o pedido no meio do caminho, serão notificados sobre o que fazer.

- **Use reflexos mágicos**

    Você acha que ninguém lê "pensamentos posteriores"?

    Aposto que você está errado. Considerações posteriores ou pós-escritos são a terceira parte mais lida da copy, depois do título e das legendas das imagens.

As reflexões posteriores devem ser breves, convincentes e baseadas em seus principais fatores de ganho e perda, estabelecendo urgência e valor.

Eles são lugares para repetir sua oferta irresistível para seus leitores e os principais oradores os usam em suas cartas.

- **Use o formulário de pedido**

A pequena voz por trás de cada cliente ganha vida novamente aqui, quando se trata do formulário de pedido. Algumas das melhores vendas são ganhas ou perdidas no formulário de pedido.

Pode ser como "Vá em frente", "Você vai se arrepender" ou "Você tem certeza do que está fazendo agora?".

Eles podem ser marcados como um remorso do comprador por precaução.

Use os motivadores-chave uma última vez (ganho e perda); apenas seja breve, urgente e convincente como os argumentos persuasivos anteriores.

Capítulo 5

Aproveitando o poder das palavras

Este capítulo é muito importante sobre o que vou compartilhar. Temos aprendido códigos para que todos possamos nos comunicar uns com os outros usando códigos, se esse foi o nosso método mais comprovado de comunicação com nossos clientes existentes ou potenciais, ou talvez tenhamos aprendido línguas de sinais, se forem muito eficazes.

Mas acho que nosso processo de comunicação comprovado é muito mais simples.

Copywriting Dicas Apenas Para Iniciantes

A diferença entre um vendedor presencial e um vendedor de televendas é a capacidade do vendedor presencial de atender fisicamente o cliente potencial e adequar a apresentação do produto ou serviço de acordo com a resposta presencial e por meio de sinais exibidos pelo cliente em potencial.

Por meio de expressões faciais e linguagem corporal, um vendedor profissional saberá imediatamente se está transmitindo uma mensagem de maneira correta e eficaz. Isso pode ser notado pelo aceno de cabeça junto com um sorriso do cliente e olhos abertos em apreciação.

Ao contrário do vendedor presencial, um vendedor de televendas só pode avaliar suas vendas com base nas respostas do cliente potencial à consulta. O vendedor de televendas tem menos trabalho a fazer, acha o trabalho mais fácil e tenta imaginar a expressão facial de seus clientes potenciais enquanto discute com eles.

A conclusão será a partir do tom de voz expresso por ambas as partes.

Os clientes em potencial têm vantagens sobre uma mala direta e um comerciante da Internet, pois não podem ser vistos ou ouvidos. A única ferramenta para arremessos de vendas é apenas a palavra escrita.

Para ter sucesso na conquista de um cliente em potencial, a forma como as palavras escritas são transmitidas serve como solução para o sucesso do marketing online e offline.

Independentemente da forma, sejam anúncios por e-mail ou cartas de vendas, as palavras escritas devem enviar uma mensagem diretamente à mente do cliente em potencial. A única barreira para levar suas palavras escritas diretamente a um cliente em potencial é garantir que ele leia sua mensagem.

Seu "olá", "olá você", "escute" como uma introdução em seu título determinará se alguém lerá seu discurso de vendas e isso dependerá do seu título. Seu título deve chamar a atenção do cliente potencial, caso contrário, ele se tornará uma mensagem de despedida.

« Já notou um "subtítulo"?

Os subtítulos são incorporados para manter o interesse do cliente em potencial por meio de outra chamada à ação, principalmente informando o benefício do cliente em potencial se ele decidir ler a mensagem inteira. Os subtítulos são tão atraentes quanto o título. Não deixe seu subtítulo se tornar um "assassino" para sua mensagem de vendas.

« E o corpo da copy?

Aqui, você mostra seus talentos e habilidades de escrita. Você não tem desculpa para usar todo o seu conhecimento e oportunidade da língua portuguesa para explicar melhor e descrever em detalhes os recursos e benefícios do seu produto ou serviço que você oferece.

O idioma português contém todos os adjetivos necessários para sua escrita, portanto, use-os conforme aplicável.

Ao criar uma copy atraente, você deve se lembrar da palavra "sentidos". Usando nossas atividades do dia-a-dia a partir do sentido de ver, cheirar, saborear, tocar e ouvir. Confiamos neles, pois representam mecanismos de sobrevivência humana, assim como outros mamíferos também dependem deles.

Você pode antecipar alguns tipos de respostas que você pode despertar no coração do seu cliente potencial para obter o máximo de contato usando palavras sensoriais ao lado de palavras geradas emocionalmente.

É uma habilidade para todo redator offline e online entender como maximizar o lucro capitalizando as palavras.

Alcançar o sucesso nos negócios vai além de escrever uma copy excepcional e emocionalmente carregada, mas é eficaz reconhecer sua importância.

O poder secreto das palavras nunca deve ser subestimado.

• Atraia seus clientes em potencial com uma excelente copy

Os resultados de uma copy dependem da quantidade e qualidade dos detalhes, incluindo se é uma copy curta ou longa. Isso não significa que mais palavras tragam melhores resultados.

Há dicas a serem seguidas para criar uma copy de sucesso, tendo a estrutura precisa para manter o leitor interessado do início ao fim.

• Usando um título de comando

Desde o início, prenda a atenção do leitor para que ele continue lendo.

Isso também pode ser alcançado colocando os principais benefícios do seu produto ou serviço em uma frase curta.

- **Use subtítulos para criar entusiasmo**

Explique os benefícios dos recursos do seu produto e gere entusiasmo em seu leitor em uma ou duas frases curtas, no máximo. Especifique as limitações de sua oferta se você estiver oferecendo uma promoção limitada.

- **Liste os benefícios do seu produto ou serviço**

Todo cliente precisa ter bons motivos para comprar seu produto ou serviço.

Pense no que seu cliente deseja e esses motivos não têm nada a ver com as características do seu produto. Se você está vendendo aluguéis de temporada, você pode colocar algo como o seguinte:

"Economize seu dinheiro e aproveite o sol e o mar nas suas férias de verão,

hospedando-se no conforto de um apartamento de luxo".

- **Descreva sua proposta de venda diferenciada**

Aqui, você deve mencionar sua proposta de venda distinta em duas ou três frases para especificar os benefícios que diferenciam seu produto ou serviço de todos os outros e, em seguida, informar ao leitor que você descreverá os detalhes posteriormente na copy.

- **Estabeleça sua credibilidade**

Credibilidade é a coisa mais importante para vender na internet. Antes que seu leitor compre algo de você, ele terá que confiar em você primeiro.

Destaque três razões pelas quais ele deveria acreditar em você. Revele que o que você diz está correto.

- **Descreva os benefícios e recursos do seu produto ou serviço**

  Descreva como o problema do seu leitor será resolvido ou como sua vida será melhorada. Você pode ser mais convincente com mais detalhes que fornecer.

- **Dê mais detalhes sobre seu produto ou serviço**

  Nesta fase, você esclarece o seu leitor sobre tudo o que diz respeito ao seu produto ou serviço. Escreva até ficar entediado e use o máximo de espaço possível.

- **Mostre seus depoimentos de clientes**

  Você só precisa continuar verificando sua credibilidade. Mostre depoimentos de seus clientes que já gostaram do seu produto ou serviço. Em vez de fazer comentários gerais, mencione o que seus clientes gostam em seu produto ou algo semelhante. Você pode fazer referência a pelo menos cinco depoimentos.

- **Livre-se da concorrência**

Você pode se livrar da concorrência revelando ao leitor as informações que ele precisa ler e que vai diferenciar seu produto ou serviço.

Mostre os elementos que o tornam mais preferido entre seus concorrentes.

- **Construir valor continuamente**

Deixe seus leitores saberem continuamente que sua oferta é tão boa, criando valor que eles não podem recusar. Uma forma é avaliar o valor da oferta pelo valor normal do seu produto. Construir o valor de um produto significa oferecer inovação, diferenciação, qualidade, satisfação e, acima de tudo, uma experiência positiva para o cliente, que fará com que ele se torne um verdadeiro fã da sua marca.

★ **Existem três valores a serem exibidos:**

«**Valor econômico:** Refere-se ao valor atrelado ao preço e quantidade do produto;

«*Valor funcional:* É o valor que as especificações funcionais agregam ao cliente;

«*Valor psicológico*: São as características e benefícios que o produto proporciona ao cliente.

- **Descreva um resumo de tudo que seu cliente receberá**

Deixe seu leitor saber tudo o que ele receberá de você.

- **Fale sobre o preço do seu produto**

Fale sobre o preço de venda e o preço normal do seu produto ou serviço. Risque o preço normal e deixe o preço de oferta seguir.

- **Destaque os bônus de seus produtos**

Se você tem algo mais a oferecer, compartilhe aqui. Também faz parte da agregação de valor ao seu produto ou serviço. Deixe-o ciente e que tenha a sensação de que está dando um passo rápido, pois os bônus estarão disponíveis apenas por um curto período de tempo.

- **Fornecer uma forte garantia**

"Dinheiro de volta" é a garantia mais forte que você pode oferecer. Você tem mais vendas quando oferece ao seu leitor uma garantia sem risco para o seu produto ou serviço porque constrói muita confiança no seu leitor. Com esta estratégia de garantia, seu número de retornos se multiplicará.

- **Enfatize sua garantia**

Elimine todos os riscos básicos concluindo sua copy com algo próximo, por exemplo:

"Você tem certeza de que o produto (ou serviço) é para você, mas não precisa se decidir agora. Experimente e experimente. Se você não economizar seu dinheiro, ou não fizer tudo o que eu digo, o seu negócio não vai melhorar ou sua vida não vai melhorar. E você não vai gostar. Eu garanto cada centavo do seu dinheiro de volta! Você tem tudo a ganhar e nada a perder."

- **Deixe o cliente saber como encomendar o seu produto**

Certifique-se de fornecer diretrizes detalhadas sobre como seu cliente em potencial pode obter a descrição da colocação do produto ou serviço no formulário do pedido.

- **Relatório pós-venda**

Informar as medidas adotadas para a realização do pós-venda, como o uso de e-mail, redes sociais, ou telefone para que o cliente possa entrar em contato com a empresa e assim fornecer feedback sobre o produto, atendimento, entrega, etc., em além de obter, com base no histórico de compras do cliente, oportunidades exclusivas para o mesmo.

- **Anexe sua assinatura**

  Certifique-se de que a copy esteja assinada com seu nome completo e título.

- **Conclua com um "PS"**

  Destaque os pontos mais relevantes do seu texto nesta parte. Sua copy deve ser o mais amigável possível em design e formato para permitir que o leitor tenha tempo para ler sua copy.

  Enfatize as declarações mais convincentes para permitir que sua copy seja lida em um minuto ou dois.

Capítulo 6

Fórmula de redação para SEO ("Otimização para mecanismos de busca")

A maior parte do seu tráfego online vem principalmente dos motores de busca e os dois principais tipos de coisas que influenciam o seu posicionamento em vários motores de busca são palavras-chave e links para o seu site.

Seus links de entrada mostram o quão significativo é seu reconhecimento, enquanto suas palavras-chave permitem que os mecanismos de pesquisa saibam o que fazer. Como esses dois são combinados estabelece sua importância e esses mecanismos de pesquisa são principalmente relevantes.

Você pode obter informações sobre como adicionar suas metatags HTML a algumas palavras-chave. Essas tags servem como placas de rua que são como os mecanismos de pesquisa as visualizam; verifique suas tags e, em seguida, verifique sua copy.

HTML (HyperText Markup Language) É o código usado para estruturar a copya das imagens presentes e criar links de hipertexto entre as páginas.

- **Palavra-chave e frase-chave**- Palavras e frases que as pessoas digitam nos motores de busca quando procuram respostas ou soluções para necessidades ou interesses específicos.

  Essas palavras e frases também são colocadas estrategicamente na copy de uma página da web para atrair mecanismos de pesquisa que estão combinando os pesquisadores com sites relevantes.

- **Metatags** são trechos de texto que descrevem o conteúdo de uma página; as metatags não aparecem na própria página, mas apenas no código-fonte da página. Metatags são essencialmente pequenos descritores de conteúdo que ajudam a informar aos mecanismos de pesquisa sobre o contúdo de uma página da web.

Como resultado, se as palavras-chave nas tags e no texto não estiverem alinhadas, seu site não será catalogado em relação a essas palavras-chave.

Os mecanismos de pesquisa também revelam com que frequência uma expressão diferente de palavras-chave é acionada em sua página.

Simplificando, você se tornará visível nos resultados dos mecanismos de pesquisa quando um cliente em potencial pesquisar usando essas palavras-chave somente se você incrementar seu site com suas palavras-chave principais.

É provável que você não comprometa a legibilidade e ainda escreva uma copy rica em palavras-chave.

A legibilidade do seu site é muito importante para seus visitantes. É o leitor que se tornará seu cliente, eventualmente comprando seu serviço ou produto, não os mecanismos de busca.

Você poderá garantir que sua copy ressoe com os mecanismos de pesquisa e os visitantes seguindo estas diretrizes:

- **Categorização de páginas**

  Antes de escrever, tenha um plano de site estruturado e tente colocar seu artigo na ordem dos principais benefícios, caso ainda não tenha construído o site.

  Segmente suas categorias, por exemplo, "Computadores" em páginas diferentes para

"PCs e Macs", e depois divida em desktops, notebooks, etc.

Com isso, você terá a oportunidade de integrar palavras-chave precisas cobrindo um mercado-alvo. Transforme cada página junto com a marcação ao lado de seu ponto principal ou benefício.

- **Estude seus clientes com as palavras-chave que eles estão procurando**

Insira as principais ofertas, benefícios e pontos reconhecidos para cada uma das páginas, além de pesquisar algumas palavras que seus clientes normalmente usam quando estão pesquisando nos mecanismos de pesquisa.

- **Evite usar palavras isoladas, use frases em vez disso**

A principal razão é que palavras isoladas apresentam oposição excessiva. Outra razão para evitar o uso de palavras únicas é que foi revelado em pesquisas que os mecanismos de pesquisa estão se tornando cada vez mais específicos em suas pesquisas para permitir que eles se tornem mais rápidos em fornecer respostas para o que você está procurando.

Você precisa perguntar o que há de diferente na sua empresa. Digamos que você venda computadores usados baratos, você provavelmente pode usar "computadores usados baratos" como sua principal palavra-chave.

Com isso, há uma chance de ser classificado e aparecer em algumas outras pesquisas.

Isso significa que uma fração maior dos visitantes do seu site serão principalmente aqueles que procuram computadores usados.

- Selecione apenas palavras-chave atraentes

Por exemplo, você pode usar algo como "Macs baratos de segunda mão" para a página de Macs e "PCs baratos de segunda mão" para a página de PCs, etc.

Concentre-se em frases-chave específicas em cada página e evite incluir frases-chave em todas as páginas.

- **Tente ser específico**

Verifique o uso das frases "nossos PCs usados de baixo custo" ou "nossos Macs usados de baixo custo".

Evite usar "nossos computadores". Equilíbrio é necessário, mas se não prejudicar sua legibilidade.

Como você sabe, seu site revela sua superioridade e não será bom se seu site for difícil de entender porque as pessoas não poderão inferir sobre ele.

- **Ao usar links, inclua frases-chave**

  Será uma ideia brilhante quando você vincular suas páginas usando links de texto. Não se concentre em ter palavras-chave em todas as páginas.

  Com isso, os mecanismos de busca veem seu site e páginas relacionadas. É aconselhável ter ligações de texto adicionais se a frase-chave for texto de link. Um exemplo seria incluir "barato" abaixo do link de texto quando você tiver a frase "Macs ou PCs usados baratos".

- **Inclua frases-chave em seus títulos**

  Os títulos desempenham um papel importante em como os mecanismos de pesquisa posicionam seu site, bem como em como seus clientes verificam seus títulos.

Os mecanismos de pesquisa e os clientes veem seus títulos da mesma maneira, portanto, tente incluir suas principais palavras-chave em seus títulos. Você pode incluir cabeçalhos extras para ajudar na legibilidade do seu site, pois isso ajudará seus clientes a digitalizar a leitura.

- **Analise sua densidade de palavras-chave**

Também conhecido como densidade de palavras-chave. A densidade da palavra-chave é uma medida do número de vezes que a palavra-chave aparece na copy. Não existe um número exato para usar.

A densidade de palavras-chave é obtida dividindo o número total de palavras-chave pelo número total de palavras que aparecem em sua copy e multiplicando o resultado por 100.

Exemplo:

Supondo que você tenha 200 palavras em sua copy e use uma palavra-chave 4 vezes em seu conteúdo. A densidade de palavras-chave nessa página é obtida dividindo o número total de palavras-chave (4) pelo número total de palavras que aparecem em sua copy (200). Então, 4 dividido por 200 = 0,02. Multiplicando o resultado (0,02) por 100, obtemos 0,02 x 100 = 2%.

- **O que é SEO copywriting?**

A copywriting de SEO é mais do que apenas mecanismos de pesquisa. Ela trata da maneira como a maioria das conversas, artigos e postagens são centradas em tópicos com limites permitidos, densidade de palavras-chave e otimização excessiva. Copywriting faz parte da escrita de SEO.

A primeira coisa a considerar é o público-alvo (clientes/visitantes em potencial), pois a copy promocional que você está escrevendo deve levar o leitor a realizar uma ação esperada. Sua copy será classificada com os elementos projetados, que é a última coisa.

A principal razão que você considera ao escrever um SEO é que é inútil se a copy do seu site não converter seus visitantes em compradores com todo o tráfego que ele terá gerado no mundo.

Para que o site seja exibido, ele precisa ter uma classificação alta em alguns termos-chave (métricas).

Portanto, para manter um bom nome e reputação nos mecanismos de pesquisa, aqui estão algumas diretrizes para lembrar que o SEO Copy é único e proposital, escrito para o visitante e soa natural à medida que flui.

Mas antes, lembre-se também que SEO copy não é escrito exclusivamente com os motores de busca em mente, rígido (excessivamente repetitivo ou forçado) e espelhado (alterado ou ajustado para criar novas páginas simplesmente mudando as palavras-chave).

- **Algumas dicas para escrever SEO copywriting:**

    « Decida a melhor forma de transmitir esta mensagem ao seu público-alvo ou clientes.

    « Entenda quem é seu público-alvo (para quem você está escrevendo).

    « Construa um plano mostrando a mensagem que deseja transmitir.

    « Selecione qual será o foco da página.

« Selecione quais frases-chave serão incorporadas à copy.

« Insira frases-chave enquanto escreve para que possam ser transmitidas naturalmente com a mensagem que você precisa, não depois de terminar de escrever.

« Certifique-se de que essas palavras-chave funcionem bem com a copy planejada e a página.

« Faça o seguinte ao escrever SEO copywriting:

¨ Evite entrar em uma página simplesmente copiada para acalmar o buscador.

¨ Elabore um plano baseado apenas em como obter uma classificação alta.

¨ Substitua "todas" as ocorrências de um termo genérico (carro) por uma frase-chave (carro vermelho, carro conversível).

¨ Coloque palavras-chave em todos os lugares que puder (isso soará completamente ridículo, mas não fará com que você seja banido).

¨ Evite confiar em fórmulas e taxas de densidade de palavras-chave inúteis.

Lembre-se, SEO copywriting é um processo de escrever texto exclusivamente para visitantes e não para mecanismos de pesquisa, além de incluir elementos para ajudar seus visitantes e mecanismos de pesquisa a entender sobre o que é a sua página.

Capítulo 7

Decidindo sobre o comprimento perfeito de sua copy

Esta é uma questão que sempre surge e diz respeito ao comprimento de uma copy. Vai depender do que você está promovendo; não há uma resposta para isso.

Por exemplo, se você estiver promovendo um relatório curto de 20 páginas, sua copy será menor do que se você estivesse tentando vender um carro esportivo de $ 300,000.00!

Portanto, a melhor resposta é que sua copy precisa ter o tamanho necessário para que o comprador clique no botão comprar.

Por esse motivo, costumamos dizer às pessoas para não se preocuparem com o tamanho de suas copy.

• **Seguem alguns esboços básicos:**

" Título:

Isso faz uma pergunta ou se concentra em um problema específico.

Isso ajuda a separar sua copy primeiro, mas também ajuda a destacar os benefícios do produto. Lembre-se da pergunta: **"Que benefício esse produto (serviço) tem para mim?"**.

Evite usar um preenchimento ou palavras fofas - não use palavras como esperança, desejo, tente, poderia e talvez.

Em vez disso, você deve criar frases concisas que sejam curtas e contenham palavras como vontade e poder. Sempre escreva sua copy no tempo presente.

Em vez de dizer 'foi escolhido', use a palavra 'escolho'. Usar o tempo presente ajuda a adicionar força a toda a sua copy.

" Introdução:

Esta será uma parte mais longa, onde você poderá contar uma história sobre como superou esse problema. É aqui que você se dirige ao seu leitor e começa a se concentrar no problema específico dele.

☑ Comece sugerindo uma solução.

☑ Adicione marcadores sobre recursos do produto (ou serviço).

☑ Apresente sua solução e diga por que é a escolha perfeita para ele.

☑ Adicione quaisquer depoimentos ou comentários, se disponíveis. Isso prova que o produto (ou serviço) funciona.

☑ Agora apresente a oferta: Aqui é onde você adiciona o preço e as declarações que dizem algo como: "Oferta por tempo limitado", "preço de lançamento", etc.

☑ Feche sua carta na próxima seção e descreva os principais benefícios mais uma vez.

☑ Adicione um PS: Esta seção é onde você diz algo como "Você ainda não pediu? Por que não?".

☑ Reforce que o produto (ou serviço) tem uma estrutura de preços limitada. Isso cria um senso de urgência e estimula o leitor a agir.

Depois de passar pelas etapas acima, você terá todos os detalhes necessários para sua copy. Basta voltar e ler sua copy. Certifique-se de que sua copy tem uma sequência lógica e pode ser lida como uma carta.

À medida que você lê, você deve começar a criar um sentimento de "eu tenho que comprar isso agora" em seu leitor. Não se esqueça de adicionar imagens de seus produtos, se possível, pois isso ajuda o leitor a se identificar com eles. Este esboço fornece os fundamentos do que adicionar à sua copy e determinará o comprimento final.

- **Ênfase na importância de suas frases**

Isso é algo que todos os redatores fazem regularmente. Eles se concentram na criação de frases curtas que fazem uma declaração. Se você está acostumado a escrever ficção, pode estar acostumado a adicionar mais preenchimento a cada frase. Adicione descrições para evocar imagens de personagens ou configurações, por exemplo.

Uma copy deve ser curta e doce.

Estas 5 perguntas (5Ps) são o que uma copy deve ter:

→ **Quem?**

→ **Onde?**

→ **O que?**

→ **Quando?**

→ **Por quê?**

A partir daí, adicione fatos a essas frases. Quando eles forem adicionados, você será mais específico nos detalhes que está reforçando e transmitirá as ideias aos seus leitores.

Você deve começar a estudar coletando amostras de texto, especialmente se quiser usar marcadores, títulos, frases e legendas.

Lembre-se de que computadores e dispositivos móveis serão usados para ler sua copy.

Certifique-se de adicionar texto que seja fácil de ler, pois alguns dispositivos têm telas menores para exibir o máximo de texto possível. Muitos leitores se cansam e param de ler longos e intermináveis parágrafos de texto. Use frases curtas e claras.

O objetivo de escrever o texto é entrar em contato e provocar as emoções dos leitores em ação. Uma maneira de fazer isso é pesquisar o problema e trazê-lo à tona. O que quer que eles possam ter medo: Medo de perder o emprego, preocupado com finanças ou saúde. Certifique-se de fazer sua copy abordar esse problema específico.

Apresente suas soluções depois de abordar esses medos e isso dará aos leitores esperança de uma solução potencial para o problema atual. Certifique-se de que eles compram a solução de você. Isso requer praticar suas habilidades de redação, pois parece simples.

Lembre-se sempre de escrever frases curtas. Pratique frases curtas e concisas. Além disso, pratique redação de títulos e subtítulos. Títulos e subtítulos curtos tornam sua copy fácil de ler e agradável aos olhos.

Capítulo 8

Verifique o significado das palavras para o seu público-alvo

- **Sobre as palavras**

    As palavras tecnicamente têm dois significados: Denotativo e Conotativo.

    ➢ **Denotativo**

    Denotativo é o significado dado nos dicionários.

➤ **Conotativo**

Conotativo é qualquer outro significado que uma palavra sugere a um indivíduo com base em seu passado e experiências passadas.

O significado conotativo da palavra inclui os sentimentos e ideias que as pessoas podem conectar com essa palavra.

O significado conotativo também é conhecido como significado associado, significado implícito ou significado secundário.

O significado associado é o significado que se liga a uma palavra devido ao seu uso, mas não faz parte do sentido central da palavra.

O significado conotativo, ou conotação, tem a ver com o valor socialmente adquirido das palavras.

Em outras palavras, o significado conotativo explica o significado extra das palavras.

O sentido conotativo é dado pela pessoa que fala, pelas comunidades, grupos profissionais, grupos sociais ou pelo grau de formalidade.

O significado conotativo da mesma palavra pode diferir entre grupos sociais, comunidades, bairros, cidades, etc.

Muitas vezes, uma série de palavras pode ter as mesmas definições básicas, mas conotações completamente diferentes – essas são as emoções ou significados implícitos em uma palavra, frase ou coisa.

A conotação de uma palavra pode ser positiva, negativa ou neutra. Também pode ser cultural ou pessoal.

E, no entanto, o significado da conotação pode mudar ao longo do tempo.

Da mesma forma, algumas coisas, objetos, nomes de frutas e plantas podem ter nomes diferentes para diferentes grupos sociais e regiões.

O significado conotativo de uma palavra geralmente não pode ser encontrado em um dicionário.

- **Expressões idiomáticas (Idiomas)**

  - *Expressões idiomáticas* são frases em que o significado da frase inteira não necessariamente corresponde perfeitamente aos significados das palavras que compõem a frase.

    Uma Expressão Idiomática é um grupo de palavras em uma ordem fixa que tem um significado particular diferente dos significados de cada palavra quando usadas individualmente.

Apesar de estar em dicionários, as Expressões Idiomáticas podem ter significados diferentes para um determinado grupo específico.

- **Abreviaturas (inicialismo), siglas, jargão, gíria ou linguagem intelectual**

    Acrônimos, jargão, gíria e linguagem intelectual são palavras ou expressões especiais usadas por grupos específicos, profissionais, sociais, culturais, etc.

    ✦ *Uma abreviatura* é formada a partir das letras iniciais da palavra (como FBI).

    ✦ *Um acrônimo* é uma palavra (como OTAN, radar ou laser) formada a partir da letra inicial ou letras de cada uma das partes sucessivas ou partes principais de um termo composto.

✦ *Jargão* é a terminologia técnica ou idioma característico de uma atividade especial ou grupos

✦ *Gíria* é um vocabulário informal fora do padrão composto tipicamente por algo (como uma palavra ou frase) inventado , palavras com signados alterados arbitrariamente e figuras de linguagem extravagantes, forçadas ou jocosas.

Antes de usá-los, pergunte:

✓ **Quem é meu público?**

✓ **Como ele fala, pensa, age e reage?**

Se o seu copywriter está promovendo para um público específico, você deve falar a mesma língua.

Acrônimos, jargão, gíria e linguagem intelectual podem ajudá-lo a estreitar o campo de seu público e criar alguma exclusividade.

Como você encontra a conotação de uma palavra, expressões idiomáticas, abreviações (inicialismo), siglas, jargão, gíria ou linguagem intelectual?

A melhor maneira de descobrir a conotação de todos os termos e expressões é perguntar a muitos usuários.

A melhor maneira de descobrir como a conotação funciona é ver esses termos e expressões em seu ambiente autêntico.

Se você for usar uma abreviação, sigla, jargão ou gíria, explique o termo na íntegra com o termo a seguir entre parênteses.

Mas, use-os com cautela!

Na dúvida, deixe-os de fora!

Capítulo 9

Cores e seus significados

As cores são uma ferramenta muito poderosa na redação e em outras áreas do seu negócio. E, quando usado corretamente, você pode usar o impacto psicológico da cor a seu favor em sua copy e materiais promocionais para obter os melhores resultados possíveis de cada estratégia.

As cores são importantes para as pessoas em todo o mundo. As cores não apenas influenciam a emoção, mas também têm significado na religião e em várias culturas.

"O que a cor vermelha simboliza?"

Esta pergunta é respondida de forma diferente dependendo de onde você está localizado no mundo.

- **Simbolismo e cultura das cores**

    A cor significa muitas coisas diferentes para diferentes pessoas e culturas. Todos nós temos nossas cores favoritas. As pessoas gostam de cores diferentes, assim como gostam de comidas diferentes. A cor também representa sentimentos, pessoas, países e culturas. No mundo ocidental, a cor vermelha é muitas vezes vista como um símbolo de raiva ou agressão.

    Algumas seguradoras de automóveis cobram mais por carros vermelhos porque alguns dos proprietários de carros vermelhos são mais agressivos ou assumem mais riscos.

    ¤ **Luzes de trânsito:** Vermelho significa parar, amarelo significa cuidado e verde significa ir. As placas amarelas também alertam os motoristas sobre as próximas curvas, travessias de pedestres e passagens de animais.

✡ Patriotismo:

A maioria, se não todos, os países têm uma bandeira. As cores de cada bandeira são geralmente vistas como patrióticas. Vermelho, branco e azul simbolizam o patriotismo nos EUA.

✡ Emoções:

Azul é visto como conservador. Vermelho é poder e agressão. Cores mais vivas, como amarelo e laranja, representam calor não apenas com as emoções, mas também com a temperatura.

✡ Religião:

As cores também são usadas em cerimônias religiosas ou representam aspectos da religião.

☂ No budismo:

Azul – Significa o conceito de bondade amorosa e paz e transmite uma sensação de infinito, pureza, saúde, ascensão e frescor.

Amarelo – significa o Caminho do Meio, ou seja, a completa ausência de forma e vazio

Vermelho – Simboliza conquista, sabedoria, virtude, fortuna e dignidade.

Branco – Significa aprendizado, pureza, emancipação, longevidade e conhecimento.

Laranja – Significa a essência do budismo que é cheia de sabedoria, força e dignidade

Preto - Simboliza matar e raiva, bem como escuridão primordial.

☂ No budismo tibetano:

Azul está associado à pureza e à cura.

Branco é a cor do aprendizado e do

conhecimento.

Vermelho está relacionado com a força vital e preservação.

Verde é a cor do equilíbrio e da harmonia.

Amarelo simboliza enraizamento e renúncia.

No catolicismo:

Vermelho - Simboliza o sangue de Jesus Cristo e o sacrifício.

Branco - Representa o corpo de Cristo. É usado na liturgia durante o Natal e a Páscoa.

Preto - Representa o pecado na liturgia católica.

Cinza - É a cor das cinzas e

representa o arrependimento no catolicismo.

Roxo - É a cor litúrgica dos tempos do Advento e da Quaresma. O céu é descrito como tendo muito ouro em prédios e ruas.

Prata - É usado na liturgia durante o Natal e a Páscoa.

Ψ **No cristianismo:**

Preto - Representa o Pecado – Romanos 2:23

Vermelho - Representa o Sangue de Jesus – Romanos 3:35

Azul - Representa o Batismo - Marcos 16:16

Branco - Representa Pureza - Salmo 57:1

Verde - Representa o Crescimento Espiritual - 2 Pedro 3:18

Amarelo - Representa o Céu (Cidade de Ouro) – Apocalipse 21:18-21

☪ **No islamismo**, existem três tipos de cores que são restritas, vermelho, amarelo e açafrão.

Verde- A cor mais fortemente associada ao Islã é o verde porque representa o Islã há séculos. Alguns acreditam que o verde era a cor favorita do profeta Muhammad, e é mencionado em vários versos do Alcorão como a cor que será usada pelos habitantes do paraíso.

Preto - Além do branco, também é conhecido como símbolo de santidade do ponto de vista islâmico.

Branco - Simboliza pureza e paz e por isso é frequentemente usado por muçulmanos que frequentam as orações de sexta-feira. Os muçulmanos também o usam ao realizar ritos sagrados de peregrinação.

Vermelho - Não tem nenhum significado religioso particular. Foi relatado que usar vermelho puro é proibido para homens, mas não para mulheres.

Claro que, o efeito do uso das cores não é uma ciência exata. As pessoas podem ter preferências pessoais que anulam quaisquer tendências biológicas mais profundas, as culturas variam em suas interpretações e pode haver outras coisas que você deseja considerar também.

Portanto, antes de usar cores em sua copy, pesquise o que a cor significa para seu público-alvo.

As cores que mais convertem em resultados, no marketing digital, são: 1 - Preto; 2 - Branco; 3 - Rosa; 4 - Vermelho; 5 - Azul; 6 - Verde; 7 - Amarelo; 8 - Laranja; 9 - Roxo; 10- Marrom; 11 - Cinza.

Capítulo 10

Números e seus significados

Pitágoras, o filósofo e matemático grego acreditava que os números tinham alma. Nos tempos contemporâneos, poucas pessoas tratam os números com tanta reverência, mas ainda existem muitos números que têm significados e associações especiais em diferentes culturas.

Por exemplo: Nos EUA, alguns prédios pulam o 13º andar.

No Japão e na China, acredita-se que o número oito traga sorte porque sua pronúncia é semelhante à riqueza ou prosperidade. Nessas culturas, é provável que você veja mais etiquetas de preço com valores como $ 8,88 ou $ 4,88 em vez de $ 9,99.

Este é apenas um vislumbre de algumas das fortes associações ligadas aos números em diferentes culturas. Para envolver diversos públicos, você deve adaptar sua copy criativa, marca de produto e abordagem de marketing global a cada cultura.

O fator mais desafiador pode ser associações derivadas de religião, mitologia e superstições. Um número que tem conotações muito favoráveis em um país pode ser visto de forma oposta em outro.

Compreender as questões transculturais e aprender tudo o que puder sobre as origens e crenças de seus mercados-alvo o ajudará a desenvolver uma abordagem de marketing global que seja culturalmente apropriada e eficaz.

Capítulo 11

Formas geométricas e seus significados

Formas geométricas — triângulos, círculos, quadrados, estrelas — fazem parte do simbolismo religioso humano há milhares de anos, muito antes de se tornarem parte de empreendimentos científicos e projetos de construção dos egípcios e gregos.

Muitos dos significados de formas nas filosofias ocidentais surgem de seus escritos. Vários significados são comumente atribuídos a essas formas, particularmente quando usadas em contextos religiosos ou mágicos.

- Círculos

Círculos estão entre os símbolos geométricos mais antigos e comumente representam unidade, totalidade e infinito.

Na filosofia zen-budista um círculo representa iluminação e perfeição em unidade com os princípios primordiais.

Os círculos às vezes são símbolos do Deus judaico-cristão e da santidade, aparecendo como halos.

Na simbologia chinesa, o círculo representa os céus.

O círculo também é usado quase universalmente para representar o sol e/ou a lua, ou coisas associadas a esses corpos.

O símbolo astrológico do sol é um círculo com um ponto no meio. O mesmo símbolo é usado para representar o ouro, que está fortemente associado ao sol.

- **Triângulo**

  Na sociedade ocidental, triângulos equiláteros na maioria das vezes têm significados cristãos em contextos religiosos. Porque o Deus cristão é uma trindade - Pai, Filho e Espírito Santo unidos em uma única divindade.

- **Quadrados**

  Quadrados representam solidez, uma perfeição que é estática, confiável, terrena e material.

  Pitágoras associou o quadrado ao número 4, e esse número em muitas culturas é comumente associado a coisas materiais – elementos físicos, direções da bússola e estações do ano. Assim, quadrados e cruzes são frequentemente usados como símbolos do mundo material. No entanto, os quadrados têm uma solidez visual que atravessa a falta. Um quadrado tem volume, contém espaço.

No hinduísmo, o quadrado representa a ordem cósmica e o equilíbrio dos opostos;

Em religiões nativas americanas, o quadrado representa a permanência, um lugar seguro.

No simbolismo chinês, o quadrado representa a terra.

Em muitas culturas, um qudrado é um ponto de encontro, uma praça no coração de uma cidade.

Capítulo 12

Teste, teste e teste

Depois de terminar sua copy, sempre leia em voz alta.

Você pode fazer isso ou pedir para alguém ler para você.

Quando você ler sua copy, se você se deparar com alguma inconsitência, volte e edite-a.

Se outra pessoa ler, veja se foi compelida a comprar o produto (ou serviço) que você está anunciando. Caso contrário, ajuste sua copy.

Faça variações em sua copy alterando a cor e o tamanho das letras, etc.

Crie frases alternativas para títulos e legendas.

Alternar as qualidades e benefícios dos produtos ou serviços.

Teste todas as variações que você criar com seu o público.

Ao aplicar esses conceitos básicos a cada copy, você obterá resultados para converter leitores em clientes.

Capítulo 13

Crie seu arquivo "swipe" e seu arquivo "perfil do cliente"

O **Arquivo Swipe** e o **Arquivo Perfil de Cliente** são a biblioteca pessoal do redator.

✦ **Arquivo swipe**

Nele, o copywriter deve colocar todo o material que julgar interessante e útil para o seu trabalho.

Organize os assuntos por categoria para facilitar pesquisas adicionais.

Ter uma biblioteca com muita informação e organizada ajuda o copywrtiter na fase de pesquisa de informação e conteúdo para execução dos projetos.

Os arquivos ajudam na formação do seu preço para negociar com o cliente.

Com informações sobre o seu cliente e o desempenho do produto ou serviço que você terá que promover, você pode formar seu preço com mais tranquilidade e negociar com os clientes com mais autoridade.

Comece seu arquivo swipe imediatamente desde o início de seu trabalho como copywriter.

Use os recursos que você tem atualmente.

O arquivo swipe também o ajudará a montar um portfólio para apresentar ao cliente, se solicitado.

Salve também copy de outros copywriters e outros produtos que tenham campanhas com copy interessante ou que tenham dado bons resultados.

✦ **Arquivo perfil do cliente**

Crie um perfil do cliente antes de começar a escrever seu projeto. Planeje registrando tudo o que você sabe sobre seu cliente-alvo. Sua folha de perfil do cliente deve incluir suas necessidades (necessidades imediatas e futuras); seus desejos; seus anseios; seus problemas (problemas reais e problemas potenciais); seus objetivos; e seus medos.

Capítulo 14

Fazendo sua auto-copy

(Avaliação de desempenho pessoal)

Avaliação de autodesempenho é uma ferramenta para avaliar seu desempenho no trabalho, carreira, saúde, relacionamento pessoal e social etc. Em uma avaliação de autodesempenho, você tem a oportunidade de refletir sobre seus pontos fortes e fracos, discutir suas realizações recentes, identificar áreas para melhorar e definir metas para si mesmo.

Você pode usar técnicas de copywriting para fazer avaliações, verificar o quão bem você se alinha com seu público-alvo nos aspectos pessoais, profissionais e sociais; e também, fazer um bom relatório (portfolio) para mostrar ao seu chefe, se necessário.

Agora, vamos revisar os procedimentos básicos para fazer uma copy de um produto ou serviço.

> **Novos produtos**

- **Análise de produto**

Ao iniciar uma copy sobre um produto, inicialmente precisamos reunir as seguintes informações:

1) **Storytelling** - A história da origem do produto.

2) **Forma** - Estrutura física do produto (quadrado, redondo, etc.).

3) **Características** - Bi-volt, várias opções de uso de voltagem elétrica.

4) **Qualidade de desempenho** - Desempenho constante durante todo o tempo de uso.

5) **Durabilidade** - Vida útil do produto.

6) **Confiabilidade** - Os produtos não apresentam defeitos.

7) **Estilo** - Moderno, vintage, clássico, etc.

8) **Atendimento** - Utilidade do produto (**carro** - para trabalhar, passear, etc.; **celular** - para conversar, fotos, etc.).

9) **Garantia:**

9.1) Por quanto tempo o produtor é responsável pelo produto ou serviço.

9.2) **Confiança** que o cliente tem no desempenho do produto.

10) **Benefícios** - **Carro** - mais conforto que o concorrente; **Telefone celular** - fotos de melhor qualidade.

11) **Diferencial** - (mecanismo único) tecnologia que só o seu produto possui.

12) **Público alvo** - Jovens, adultos, freelancers, etc.

13) **Preço de venda**

13.1) Valor que o cliente acha justo pagar pelo produto.

13.2) Valor que o vendedor cobra pelo produto ou serviço.

14) **Produção sazonal ou contínua?**

15) **É a primeira copy?**

- **Análise de público**

    Quando se trata de um novo produto ou serviço, você precisa descobrir quem tem maior probabilidade de comprar seu produto. Nesta pesquisa, utilizamos como base, dois tipos de análise:

    Demografica - Diz quem está comprando seus produtos ou serviços.

Psicografica - Revela por que os clientes compram o seu produto.

Observar os interesses e as características do mercado pode ajudá-lo a obter insights sobre suas preferências e incorporar alguns desses atributos em seu conteúdo da copy.

★ **Análise demográfica do público-alvo**

Para novos produtos, você pode iniciar a pesquisa com as seguintes perguntas:

a) **Idade** - Qual faixa etária precisa ou compraria seu produto?

b) **Gênero** - Qual a probabilidade de cada gênero comprar seu produto?

c) **Localização** - Onde estão localizados os potenciais compradores?

d) **Educação** - Qual é a probabilidade de compra de cada faixa de graduação escolar?

e) **Renda** - Qual a probabilidade de cada faixa de renda?

f) **Profissão** - Qual a probabilidade de cada profissão?

g) **Estado civil** - Qual é a probabilidade de cada estado civil?

h) **Etnia** - Qual a probabilidade de cada etnia?

★ **Análise psicográfica do público**

É importante saber por que o cliente compraria seu produto ou serviço. Alguns produtos são consumidos apenas em determinadas regiões (alguns bairros) ou épocas do ano.

Aqui, será necessário criar o perfil psicológico do cliente, e as perguntas podem ser:

◦ **Personalidade**

º Padrões comportamentais

º Padrões de pensamento

º Emoções (Estado emocional)

º Atitude

º Temperamento

º Valores

º Estilos de vida

º Metas

º Hábitos

º Passatempos

º Interesses

º Animais de estimação

> **Produtos ou serviços já existentes no mercado**

Para produtos ou serviços que já estão no mercado, você pode realizar pesquisas de satisfação com seus clientes atuais para saber sobre a experiência deles, como eles pensam e percebem seu produto ou serviço e se recomendariam seu produto ou serviço para outras pessoas.

Você pode fazer isso por e-mail ou links de pesquisa nas mídias sociais. Se você tem uma equipe de vendas que lida diretamente com os consumidores, também pode coletar informações deles.

Alguns produtos ou serviços no mercado já possuem as informações necessárias para realizar uma copy.

Nesse caso, basta analisar os dados existentes e decidir qual foco será dado à nova copy.

> **Fazendo sua autoavaliação**

Para fazer sua autoavaliação, você precisa fazer uma autorreflexão para descobrir:

✓ **Quem é Você para si mesmo?**

✓ Exemplo: Para a sociedade, pelos padrões de hoje, você é considerado uma pessoa "bonita".

✓ Porém: Você se considera a pessoa mais feia da cidade.

✓ **O que você pensa sobre o mundo, socialmente, politicamente, etc?**

Você certamente achará interessante responder às seguintes enquetes:

1. **Storytelling** - Fatos de sua vida que podem ser considerados importantes para a sua formação social, profissional, etc.

2. **Forma** - Aparência física.

3. **Recursos** - Habilidades pessoais, sociais e profissionais.

4. **Qualidade de Desempenho** - Nível constante de produtividade no trabalho.

5. **Durabilidade** - Você inicia e termina seus projetos dentro dos prazos combinados.

6. **Confiabilidade** - Os clientes podem confiar na qualidade do seu trabalho.

7. **Estilo** - Clássico, moderno, casual, vintage, etc.

8. **Atendimento** - Habilidades profissionais (Copywriter, engenheiro, contador, etc).

9. **Garantia** -

9.1. Você é responsável por suas opiniões e atitudes.

9.2. As pessoas podem confiar no seu trabalho, nas suas opiniões e nas suas atitudes.

10. **Benefícios** (para quem contrata os seus serviços) - Você é pontual nos compromissos, etc.

11. **Diferencial** - Você tem habilidades que outras pessoas não têm.

12. **Público alvo** - Clientes, sócios, subordinados, cônjuges, filhos, etc.

13. **Preço** (Honorário, salário) -

13.1. Valor que você acha justo receber pelo seu trabalho.

13.2. Valor que você recebe pelo seu trabalho.

14. **Produção sazonal ou contínua?** Você tem um padrão de produtividade em seu trabalho? Ou sua produtividade depende do dia da semana ou de algum outro fator?

15. **É a primeira Auto-valição?** Se a resposta for "não", o que mudou entre esta atual e as anteriores?

Tendo respondido a essas perguntas, agora, que tal pesquisar seu público-alvo?

> **Buscando seu público-alvo**

Atenção: Antes da primeira pergunta, fortaleça, muito bem fortalecido, seu coração. Porque as respostas do seu público-alvo podem surpreendê-lo.

Em sua autocopy, você já tem a vantagem de saber quem é seu público-alvo:

Na família: Cônjuge, filhos, netos, sobrinhos, sogra, etc.

No escritório: Sócio, chefe, colegas de mesmo nível hierárquico, subordinados, etc.

Nos negócios: Clientes, fornecedores, etc.

Na vida social: Amigos, conhecidos, etc.

Mas, saber quem é seu público-alvo e saber em que seu público acredita são duas coisas diferentes.

Tomemos o seu vizinho como exemplo: você pode saber o nome dele, mas você sabe qual é a sua visão que ele tem sobre o mundo?

Você já pesquisou qual é o seu desempenho diante do seu público-alvo?

As pessoas que interagem com você, seja na vida profissional, pessoal ou social, aceitam ou toleram você?

Se eles aceitam você, é provável que você tenha um relacionamento de longo prazo.

Mas se eles toleram você, o relacionamento tenderá a durar até que essa pessoa tenha a oportunidade de terminar o relacionamento.

Existem várias técnicas para descobrir o que uma pessoa pensa sobre você.

E a primeira delas é evitar fazer perguntas diretas.

Capítulo 15

Iniciando seu negócio como copywriter freelance

Mesmo que você não seja extrovertido, é hora de reunir coragem e começar a se vender. Se você ganhou a confiança do copywriter, isso não deve ser um problema.

Mas se estar no centro das atenções não é a sua praia, tudo bem, porque os ghostwriters também estão em demanda.

"Ghostwriters" são aqueles copywriters que trabalham como

freelance para outros copywriters sem assinar sua copy.

Talvez você precise criar um site. O site é um cartão de visita moderno. Você pode dizer às pessoas quem você é e o que você pode fazer por elas. Um site também é uma ótima maneira de destacar seu portfólio.

Certifique-se de causar uma boa primeira impressão.

O segredo é que todos saibam da sua intenção de entrar no mercado de copywriting e que você é um bom redator.

Você nunca sabe de onde virá um negócio, então grite bem alto.

Há uma infinidade de maneiras para encontrar empresas que contratam serviços de copywriting.

Aqui estão algumas ideias rápidas para ajudá-lo a começar:

✓ Pesquise na Internet por sites de contratação de freelancers.

✓ Encontre contato com outros redatores que possam precisar contratar um assistente.

✓ Comece seu blog.

✓ Construa sua presença nas redes sociais.

- **Fazendo uma proposta**

A proposta de serviços de copywriting deve ser simples, legível e específica.

Uma proposta de copywriting detalha os serviços, estrutura, preços e termos que você fornecerá. Mas uma proposta de copywriting não especifica apenas as condições impressas. Ela deve vender seus serviços de copywriting.

Na elaboração da proposta de serviço e honorários, o copywriter deve considerar, entre outros fatores: relevância, porte, risco, responsabilidade, complexidade operacional, pessoal técnico, prazo estabelecido e forma de recebimento (recebimento à vista, parcelado, tipo de moeda (dólar), etc.).

O copywriter deve elaborar a proposta de honorários, quando possível, descrevendo o plano de trabalho de forma a atender o objetivo do cliente, considerando as diversas etapas até o término do serviço ou projeto.

O copywriter deve enfatizar, em sua proposta de honorários, que não inclui honorários relativos a requisitos suplementares/complementares. Quando houver necessidade de complementação de honorários, deverão ser observados os mesmos critérios adotados para a elaboração da proposta inicial.

Além disso, o copywriter pode apontar que despesas com eventuais viagens, hospedagem, transporte, alimentação e outras despesas não estão incluídas na proposta de honorários e devem ser reembolsadas.

Coisas que sua proposta de copywriter deve incluir:

> ★ **Divisão de Serviços**
>
> ★ **Estrutura de preços**
>
> ★ **termos e Condições**
>
> ★ **Entregas e prazos**
>
> ★ **Quaisquer suposições**

- **Conhecendo seu cliente**

Um questionário de cliente de copywriting serve como uma informação engenhosa. O questionário ajuda você a entender as metas, objetivos e necessidades de seus clientes.

Você precisa saber o que eles desejam alcançar e seus objetivos.

Exemplos de perguntas são:

⇒ **Quando você precisa da sua copy?**

⇒ Qual é a proposta de valor única do seu produto ou serviço?

⇒ Você tem algum material de marketing que eu possa ver?

⇒ Quem são seus concorrentes diretos?

⇒ Há mais alguma coisa que você gostaria que eu soubesse ao escrever sua copy?

- Pesquisa e planejamento

Pesquisa e planejamento são dois passos essenciais para fazer uma boa copy.

Aqui estão algumas sugestões que você pode usar:

→ Analise a copy de seus concorrentes.

→ Avalie o site atual, as mídias sociais e a copy da marca.

→ Revise as diretrizes atuais ou guias de estilo.

→ Entreviste as partes interessadas ou as partes principais para obter as informações necessárias.

→ Disseque as métricas anteriores com base no desempenho.

Observe o processo de pesquisa para construir uma base para preparar sua copy para o sucesso.

Você não deve passar da fase de pesquisa a menos que saiba as seguintes respostas:

✓ **Quem é o público para o qual você está escrevendo?**

✓ **Quais são os problemas e soluções dos seus leitores?**

✓ **Quais são as metas ou objetivos do seu cliente?**

✓ **O que diferencia o seu cliente de seus concorrentes?**

✓ Quais são as objeções que meus leitores podem ter?

Capítulo 16

Quanto devo cobrar pelo serviço de copywriting?

Antes de responder "quanto devo cobrar pelo serviço de copywriting" você precisa ter duas informações muito importantes:

- **Primeira informação:** Quanto você precisa ganhar para viver feliz?

    Ou seja, qual é o valor necessário para pagar todos os seus investimentos e desejos financeiros? seguro? etc.

- **Segunda informação:** Essas informações são compostas por uma mistura de perguntas:

  ➢ Quanto tempo levará para fazer o trabalho do cliente? Quantas horas, dias, semanas, meses?

  ➢ Você terá que investir em equipamentos? materiais? etc?

  ➢ Você terá que viajar?

  ➢ Você vai precisar de tempo para a pesquisa?

  ➢ Qual é a densidade esperada para o trabalho? pesado ou leve?

  ➢ O trabalho exigirá dedicação exclusiva ou você poderá trabalhar em outros projetos também?

  ➢ Será necessário contratar um profissional para auxiliar na execução do serviço?

Essas informações são básicas e necessárias para calcular o custo do trabalho a ser executado.

Antes de informar o preço ao cliente, você precisa saber, com a maior segurança possível, quanto o trabalho lhe custará.

No mercado digital, os preços dos trabalhos de copywriting variam de 2 a 7 dígitos. Ou seja, de $ 10 a $ 1,000.000.00.

Portanto, não tenha medo de cobrar.

Importante: Nunca use seu tempo de experiência como desculpa para "cobrar barato".

O sucesso do seu trabalho dependerá da sua dedicação e do seu sentimento (Criatividade). Se o tempo de experiência fosse uma garantia de sucesso, todo redator experiente ganharia 7 dígitos por projeto.

- Formas de cobrança de serviços

  As formas mais comuns de cobrar pelo serviço de copywriting são por palavra, por hora, por dia ou por projeto.

  Ao faturar por dia, sugere-se que seja considerado um total de 6 horas por dia.

  Copywriters experientes consideram o faturamento por projeto mais eficaz para ambas as partes.

  <u>Mas, em todas as formas de cobrança, é preciso avaliar qual será o seu custo para realizar a obra e qual forma será mais vantajosa para você.</u>

- **Métodos de Pagamento**

  <u>NUNCA</u> comece a trabalhar antes de receber a taxa inicial acordada e ter o contrato assinado.

  Ou seja, **<u>NUNCA</u>** invista dinheiro para iniciar um projeto para o seu cliente, pois se ele desistir você terá prejuízo.

Pedir um depósito é conduta padrão em qualquer tipo de trabalho freelancer.

A melhor ideia é cobrar como depósito um valor que cubra todos os seus custos para o período do projeto.

Redatores experientes sugerem cobrar um valor de 50% do valor total antes de iniciar o serviço com pagamento do restante durante a execução do projeto.

O restante do valor não pago deve ser quitado antes da entrega de suas entregas finais (término do projeto).

Para projetos maiores que levam meses, alguns copywriters cobram pagamentos periódicos em incrementos.

- **Cuidados para a contratação de assistentes**
> **Profissional contratado por você**
>> » Sugere-se que o valor dos honorários do freelancer que você contratar seja adicionado ao seu preço normal de venda do serviço antes de

informar ao cliente quanto ele terá que pagar pelo projeto.

» Sempre contrate seu assistente como freelancer. Deixe isso bem claro ao contratar.

» Faça um contrato escrito e bem detalhado sobre as tarefas que o freelancer deve realizar e os prazos de entrega.

> **Profissional contratado pelo cliente**

» **Não é aconselhável** colocar um profissional contratado pelo seu cliente em sua equipe, pois você não terá poder de comando sobre ele.

» Se você não puder evitar a atuação de um profissional indicado pelo cliente, liste todas as funções que lhe são confiadas e descreva detalhadamente no contrato as funções que você não desempenhará e pelas quais não será responsável.

» Além disso, faça constar no contrato que você não terá qualquer responsabilidade pelo pagamento dos honorários dos profissionais contratados pelo cliente ou por terceiros.

Capítulo 17

Fazendo um contrato escrito com o cliente

AVISO LEGAL: O livro "Copywriting Dicas Apenas Para Iniciantes" tem como objetivo fornecer o máximo de informações possíveis para o leitor começar a aprender sobre copywriting de forma leve e prazerosa.

O conteúdo aqui fornecido é apenas para fins de informação geral e não constitui aconselhamento jurídico ou de outro especialista.

Este livro não faz nenhuma representação ou garantia de qualquer tipo, expressa ou implícita, em relação à precisão, adequação, validade, confiabilidade, disponibilidade ou integridade de qualquer informação aqui mencionada. O uso ou confiança de qualquer informação aqui contida é de sua inteira responsabilidade. Você é aconselhado a procurar aconselhamento especializado antes de tomar ou abster-se de qualquer ação com base no conteúdo fornecido aqui.

- **NÃO use contrato genérico**

    Um contrato bem escrito lhe dará autoridade perante o cliente e mais segurança para executar o projeto com autonomia nas decisões.

    Você também deve garantir a aceitação explícita de seus Termos e Condições dos termos do contrato.

    Para que um contrato seja válido, ele deve ter quatro elementos-chave: acordo, capacidade, consideração e intenção.

    ▲ **Acordo (Oferta e aceitação)**

    Um contrato é formado quando uma oferta de uma parte é aceita pela outra parte.

    ▲ **Capacidade**

    Cada parte deve razoavelmente presumir que a outra parte tem o direito legal e a capacidade de cumprir sua parte de um contrato. Eles também devem ser capazes de compreender plenamente no momento do acordo quais serão suas obrigações. A lista a seguir representa grupos de pessoas cujo consentimento e, portanto, capacidade legal, podem ser contestados:

- Pessoas com deficiência mental
- Jovens (menores de 18 anos)
- Falidos
- Corporações (pessoas que atuam em nome de uma empresa)
- Prisioneiros

▲ **Consideração**

O elemento de contraprestação é todo o propósito para a celebração de um contrato. Para o elemento de contraprestação, ambas as partes devem ter alguma obrigação sob o contrato; por exemplo, uma parte paga e a outra parte executa.

▲ **Intenção**

Um contrato seria um mero acordo informal sem a intenção de ambas as partes de entrar em um relacionamento juridicamente vinculativo. Embora raramente declarado explicitamente, isso geralmente pode ser presumido a partir das circunstâncias em que o acordo foi feito.

Capítulo 18

Contratação com clientes

Os nomes mais comuns usados para este documento são **Contrato de Copywriting**, **Contrato de Serviços de Copywriter**.

Neste Contrato de Copywriting, as partes concordam com os termos do relacionamento entre elas, incluindo itens como o que exatamente são os projetos de copy e se a copy será usada para uma finalidade limitada ou qualquer outra finalidade, entre outras coisas.

É extremamente importante indicar no contrato quem, ambas as partes, têm autoridade para decidir e assinar todos os assuntos relativos ao projeto.

Além disso, o contrato deve conter permissão por escrito para acessar e usar informações confidenciais e privadas e uma licença para uso de imagem necessária para a execução do projeto (Leis de Proteção de Dados e Direitos Autorais).

Ao criar o modelo de contrato de redação que você usará para seus serviços de redação profissional, é importante considerar estas questões:

1. Descrição das partes envolvidas no contrato.

Deixe explicitamente claro quem está envolvido na oferta e aceitação. É essencial incluir o nome do cliente solicitando serviços de você e as informações de contato relevantes de todos.

2. **Descrição do responsável pelos pagamentos e informações de contato.**

O contrato deve definir quem é o responsável pelos pagamentos e se os pagamentos vêm diretamente do cliente ou de alguma outra parte. Além disso, informações de contato relevantes.

3. **Descrição do(s) serviço(s) que você fornecerá como freelancer.**

Faça uma descrição muito detalhada do escopo dos serviços que você fornecerá.

4. **Descrição do(s) serviço(s) que será(ão) excluído(s) do projeto**

Descreva detalhadamente os serviços que não serão executados por você no projeto.

5. **Número de revisões (se houver) que está incluído no preço dos serviços e seus prazos**

Informe o número de revisões que estão incluídas no preço do contrato e seu escopo e prazos.

6. Serviço(s) extra(s) e revisões adicionais

Observe que revisões adicionais e tarefas extras ou adicionais serão cobradas separadamente.

7. Adição obrigatória por escrito a qualquer alteração ou renúncia

Para quaisquer alterações ou renúncias ao projeto ou ao contrato, uma alteração por escrito será feita ao contrato antes da execução da alteração.

8. Preços e taxas

Nesta seção, você deve listar todos os termos de preços, como quais são os serviços e qual é o custo por serviço.

9. Sobre a proteção de dados

Permissão escrita de acesso e uso, de imagens, logotipos e informações confidenciais e privadas necessárias para a execução do projeto nos termos da legislação de proteção de dados.

O Freelancer não divulgará nenhuma das informações compartilhadas em nenhum momento a terceiros ou para quaisquer benefícios pessoais ou outros.

Esta Cláusula de Confidencialidade subsistirá mesmo após a rescisão do Contrato.

10. Afirme seu status de contratado independente como freelancer

Para exercer a liberdade que você precisa para fazer o trabalho e evitar confusão em questões de relacionamento com gerentes. É muito importante deixar claro em seus contratos de freelance que você está trabalhando como contratado independente e não como funcionário da empresa que está pagando pelos seus serviços.

(**Nota:** É comum aparecer um gerente exigindo que o freelancer cumpra o mesmo horário que os funcionários do cliente).

11. Prazo para execução da obra

Todos os prazos de execução devem ser claramente indicados no contrato.

Se houver acordo sobre penalidades pelo descumprimento dos prazos, essas penalidades também devem ser claramente descritas, incluindo suas formas de aplicação.

12. Dependência de colaboração de funcionário ou terceiro contratado pela empresa

Deve ser descrito detalhadamente no contrato como serão os procedimentos quanto aos prazos de entrega das obras para evitar que você seja penalizado por eventual descumprimento do prazo por terceiros.

13. Cronograma de pagamento

Aqui você descreverá as datas em que os pagamentos devem ser feitos com os respectivos valores. Se haverá incrementos de pagamentos durante a execução do serviço ou projeto. Quais marcos farão com que o pagamento seja devido. Se será cobrada multa em caso de descumprimento das datas estabelecidas.

14. Métodos de pagamento

Agora você vai escrever em qual moeda o pagamento deve ser feito, em Dólar Americano, Dólar Canadense, Libra Esterlina, etc.

Se será feito em dinheiro, cartão de crédito, transferência bancária, etc.

15. Propriedade intelectual e uso

Aqui o contrato dirá quem ficará com a propriedade intelectual da obra. Se a propriedade será exclusiva ou compartilhada. Se haverá permissão para compartilhamento com terceiros. As condições, prazos e preços de partilha.

16. Que lei se aplicará ao seu contrato freelance

Muitos acordos de contratantes independentes envolvem partes de diferentes estados ou mesmo de países diferentes.

Seu contrato de serviços freelance deve identificar quais leis regem seu contrato caso haja uma disputa que precise ser resolvida interpretando os termos do contrato.

17. Como as disputas serão resolvidas

A menos que você goste de ações judiciais, seu contrato freelance deve incluir disposições alternativas de resolução de disputas.

Muitos freelancers preferem usar a mediação como o primeiro passo na resolução de disputas, seguido de vinculação à arbitragem se o problema não puder ser resolvido na mediação. Seja qual for a sua preferência, deve ser por escrito como parte do contrato.

18. Quem tem autoridade para decidir e assinar

É muito mais importante, uma declaração, de ambas as partes, sobre quem tem autoridade para decidir e assinar todos os assuntos sobre o projeto.

19. Limitação de responsabilidade

A responsabilidade do Freelancer, seja em contrato, ato ilícito ou de outra forma, por qualquer perda ou dano sofrido pelo Cliente será limitada apenas a danos diretos e limitada ao valor pago pelo Cliente.

20. Não competir

O Freelancer compromete-se a abster-se de participar da competição com a Empresa do Cliente, incluindo e não se limitando a, como funcionário, agente, parceiro, consultor, durante a vigência deste Contrato e por [Período] após o término deste Contrato.

21. Cláusula de rescisão

Nesse termo, o cliente e o freelancer ficam esclarecidos sobre a política de rescisão. Menciona como um contrato pode ser rescindido, sob quais condições pode ser rescindido, como fornecer o aviso por escrito e qual será o período de aviso para isso.

22. Subcontratado

Um contrato de subempreiteiro é entre um empreiteiro que contrata um subempreiteiro para auxiliar na conclusão de um projeto ou serviço. O empreiteiro independente geralmente mantém um contrato de serviços com um cliente, mais comumente em construção, e opta por contratar um subempreiteiro para finalizar uma parte ou a totalidade dos serviços. O acordo deve descrever todos os deveres, responsabilidades e responsabilidades do subcontratado, juntamente com quaisquer outras condições.

22.1. Direito à subcontratação.

Alguns projetos podem exigir que o Subcontratado obtenha serviços de ajuda especializada ou geral. Se o Subcontratado for esperado e tiver permissão para contratar

Subcontratados adicionais para este trabalho, isso deve ser escrito.

22.2. SEM Direito de subcontratação.

Se o Contratado não permitir que o Subcontratado contrate ajuda adicional, isso deve ser escrito.

23. Requisito de seguro

Se o empreiteiro precisar obter seguro para cobrir qualquer responsabilidade potencial durante o projeto, o subempreiteiro precisará ter um valor mínimo de seguro de responsabilidade. Isso exige a apresentação do valor em dólares que o contratado deve obter na cobertura mínima para se proteger contra os custos de lesões corporais e danos à propriedade (local de trabalho) sejam feitos. Declaração, contra Lesão de Responsabilidade Pessoal seja fornecida à Declaração, que o mínimo exigido contra custos de responsabilidade para a Operação de Produtos Concluídos e que a cobertura de valor mínimo que o Subcontratado deve obter para garantir seus próprios serviços sejam documentados.

24. Despesas

24.1. Responsabilidade do contratado

Alguns serviços contratados incorrerão em despesas relacionadas a itens que vão de equipamentos a seguro de invalidez. Se o Empreiteiro Independente for responsabilizado pelo pagamento de qualquer item necessário para a conclusão do projeto do Cliente, a primeira declaração deverá ser selecionada do Artigo Quinto.

24.2. Reembolso do contratado

Se o Cliente concordar em reembolsar o Contratado Independente pelas despesas do trabalho no prazo de trinta dias após o recebimento da fatura, uma descrição clara de cada item que o Cliente considerará reembolsável ao Contratado Independente deve ser listada. Se um item (ou seja, impostos) não estiver listado aqui, o Contratado Independente não deve considerá-lo reembolsável e terá que absorver o custo.

Capítulo 19

Contratação com trabalhadores

Autônomo (Empreiteiro Independente ou Freelancer) *ou Empregado?*

A pessoa que executa os serviços pode ser: **Empregado ou Autônomo.**

Se você é proprietário de uma empresa que fornece serviços ou contrata outras pessoas para fornecer serviços, deve determinar se as pessoas que prestam serviços são funcionários ou autônomos.

É fundamental que os novos empresários determinem corretamente se os indivíduos que prestam serviços são empregados ou autônomos.

Geralmente, você deve reter e pagar impostos de renda, impostos de previdência social e impostos do Medicare, bem como pagar imposto de desemprego sobre os salários pagos a um funcionário. Geralmente, você não precisa reter ou pagar quaisquer impostos sobre pagamentos a autônomos.

▷ **Selecione o cenário que se aplica a você**

As empresas devem pesar todos esses fatores ao determinar se um trabalhador é um empregado ou um contratado independente.

As chaves são olhar para todo o relacionamento e considerar a extensão do direito de dirigir e controlar o trabalhador.

▷ **Regras de direito comum**

Os fatos que comprovam o grau de controle e independência se enquadram em três categorias:

➡ **Comportamental:** <u>A empresa controla ou tem o direito de controlar o que o trabalhador faz e como o trabalhador realiza seu trabalho?</u>

O controle comportamental refere-se a fatos que mostram se existe o direito de dirigir ou controlar como o trabalhador realiza o trabalho. Um trabalhador é um empregado quando a empresa tem o direito de dirigir e controlar o trabalhador. A empresa não precisa realmente dirigir ou controlar a forma como o trabalho é feito – desde que o empregador tenha o direito de dirigir e controlar o trabalho.

Os fatores de controle comportamental se enquadram nas categorias de:

⇨ **Tipos de instruções fornecidas**

Um funcionário geralmente está sujeito às instruções da empresa sobre quando, onde e como trabalhar. Todos os itens a seguir são exemplos de tipos de instruções sobre como fazer o trabalho.

1 - Quando e onde fazer o trabalho.

2 - Quais ferramentas ou equipamentos usar.

3 - Quais trabalhadores contratar ou auxiliar no trabalho.

4 - Onde adquirir suprimentos e serviços.

5 - Que trabalho deve ser realizado por um determinado indivíduo.

6 - Que ordem ou sequência seguir na execução do trabalho.

⇨ **Grau de instrução**

Grau de Instrução significa que quanto mais detalhadas as instruções, mais controle a empresa exerce sobre o trabalhador. Instruções mais detalhadas indicam que o trabalhador é um empregado. Instruções menos detalhadas refletem menos controle, indicando que o trabalhador provavelmente é um contratado independente.

Nota: A quantidade de instrução necessária varia entre os diferentes trabalhos. Mesmo que nenhuma instrução seja dada, o controle comportamental suficiente pode existir se o empregador tiver o direito de controlar como os resultados do trabalho são alcançados. Uma empresa pode não ter o conhecimento necessário para instruir alguns profissionais altamente especializados; em outros casos, a tarefa pode exigir pouca ou nenhuma instrução.

A principal consideração é se a empresa reteve o direito de controlar os detalhes do desempenho de um trabalhador ou, em vez disso, desistiu desse direito.

⇨ **Sistema de avaliação**

Se um sistema de avaliação mede os detalhes de como o trabalho é realizado, esses fatores apontam para um funcionário.

Se o sistema de avaliação medir apenas o resultado final, isso pode indicar um contratado independente ou um funcionário.

⇨ **Treinamento**

Se a empresa fornecer ao trabalhador treinamento sobre como fazer o trabalho, isso indica que a empresa deseja que o trabalho seja feito de uma maneira específica. Esta é uma forte evidência de que o trabalhador é um empregado. O treinamento periódico ou contínuo sobre procedimentos e métodos é uma evidência ainda mais forte de uma relação empregador-empregado. No entanto, empreiteiros independentes normalmente usam seus próprios métodos.

⇨ Financeiro

Os aspectos comerciais do trabalho do trabalhador são controlados pelo pagador? (isso inclui coisas como como o trabalhador é pago, se as despesas são reembolsadas, quem fornece ferramentas/suprimentos, etc.)

O controle financeiro refere-se a fatos que mostram se a empresa tem ou não o direito de controlar os aspectos econômicos do trabalho do trabalhador.

Os fatores de controle financeiro se enquadram nas categorias de:

→ **Investimento significativo**

Um empreiteiro independente muitas vezes tem um investimento significativo no equipamento que usa para trabalhar para outra pessoa. No entanto, em muitas ocupações, como a construção, os trabalhadores gastam milhares de dólares nas ferramentas e equipamentos que usam e ainda são considerados funcionários. Não há limites precisos em dólares que devam ser atendidos para se ter um investimento significativo. Além disso, um investimento significativo não é necessário para o status de contratante independente, pois alguns tipos de trabalho simplesmente não exigem grandes gastos.

→ **Despesas não reembolsadas**

Os contratados independentes são mais propensos a ter despesas não reembolsadas do que os funcionários. Os custos fixos contínuos incorridos independentemente de o trabalho estar sendo executado no momento são especialmente importantes. No entanto, os funcionários também podem incorrer em despesas não reembolsadas relacionadas aos serviços que prestam para seus negócios.

→ **Oportunidade de lucro ou prejuízo**

A oportunidade de obter lucro ou prejuízo é outro fator importante. Se um trabalhador tiver um investimento significativo nas ferramentas e equipamentos utilizados e se o trabalhador tiver despesas não reembolsadas, o trabalhador tem uma maior oportunidade de perder dinheiro (ou seja, suas despesas excederão a renda do trabalho). Ter a possibilidade de incorrer em uma perda indica que o trabalhador é um contratante independente.

⇨ **Serviços disponíveis para o mercado**

Um contratante independente geralmente é livre para buscar oportunidades de negócios. Os contratados independentes geralmente anunciam, mantêm um local de negócios visível e estão disponíveis para trabalhar no mercado relevante.

⇨ Método de pagamento

Um funcionário geralmente recebe um salário regular por hora, semana ou outro período de tempo. Isso geralmente indica que um trabalhador é um empregado, mesmo quando o pagamento ou salário é complementado por uma comissão. Um contratado independente geralmente recebe uma taxa fixa pelo trabalho. No entanto, é comum em algumas profissões, como a advocacia, pagar por hora a contratados independentes.

⇨ Tipo de relacionamento

Existem contratos escritos ou benefícios do tipo empregado (ou seja, plano de pensão, seguro, pagamento de férias, etc.)? O relacionamento continuará e o trabalho realizado é um aspecto fundamental do negócio?

O tipo de relacionamento refere-se a fatos que mostram como o trabalhador e a empresa percebem sua relação entre si.

Os fatores, para o tipo de relacionamento entre duas partes, geralmente se enquadram nas categorias de:

→ **Contratos escritos**

Embora um contrato possa declarar que o trabalhador é um empregado ou contratado independente, isso não é suficiente para determinar o status do trabalhador. O IRS (USA) não é obrigado a seguir um contrato declarando que o trabalhador é um contratante independente, responsável pelo pagamento do seu próprio imposto de trabalho por conta própria. A forma como as partes trabalham juntas determina se o trabalhador é um empregado ou um contratado independente.

→ **Benefícios do empregado**

Os benefícios dos funcionários incluem coisas como seguro, planos de pensão, férias pagas, dias de doença e seguro de invalidez. As empresas geralmente não concedem esses benefícios a contratados independentes. No entanto, a falta desses tipos de benefícios não significa necessariamente que o trabalhador seja um contratado independente.

→ **Permanência do relacionamento**

Se você contratar um trabalhador com a expectativa de que o relacionamento continue indefinidamente, em vez de por um projeto ou período específico, isso geralmente é considerado uma evidência de que a intenção era criar um relacionamento empregador-empregado.

→ **Serviços prestados como atividade objeto do negócio**

Se um trabalhador presta serviços que são um aspecto fundamental do negócio, é mais provável que o negócio tenha o direito de dirigir e controlar suas atividades. Por exemplo, se um escritório de advocacia contratar um advogado, é provável que ele apresente o trabalho do advogado como seu e tenha o direito de controlar ou dirigir esse trabalho. Isso indicaria uma relação empregador-empregado.

▷ **Determinando se os indivíduos que prestam serviços são empregados ou autônomos**

Antes de poder determinar como tratar os pagamentos feitos pelos serviços, você deve primeiro conhecer a relação comercial que existe entre você e a pessoa que executa os serviços.

<u>Prestar atenção:</u> Se você classificar um funcionário como contratado independente e não tiver base razoável para fazê-lo, poderá ser responsabilizado pelos impostos trabalhistas desse trabalhador.

➡ Para IRS (USA) temos três tipos de funcionários:

a) Um empregado (funcionário de direito comum)

De acordo com as regras do direito consuetudinário, qualquer pessoa que presta serviços para você é seu funcionário se você puder controlar o que será feito e como será feito. Isso acontece mesmo quando você dá liberdade de ação ao funcionário. O que importa é que você tem o direito de controlar os detalhes de como os serviços são realizados.

b) Um funcionário estatutário

Se os trabalhadores forem contratados independentes de acordo com as regras da lei comum, esses trabalhadores não poderão, no entanto, ser tratados como empregados por estatuto (empregados estatutários) para determinados fins de imposto de trabalho se se enquadrarem em qualquer uma das quatro categorias a seguir e atenderem às três condições descritas em Impostos da Previdência Social e Medicare, abaixo.

Um motorista que distribui bebidas (exceto leite) ou produtos de carne, vegetais, frutas ou panificação; ou quem busca e entrega lavanderia ou lavagem a seco, se o motorista for seu agente ou for pago em comissão.

Agente de vendas de seguros de vida em tempo integral cuja atividade principal é vender seguros de vida ou contratos de anuidade, ou ambos, principalmente para uma companhia de seguros de vida.

Um indivíduo que trabalha em casa com materiais ou bens que você fornece e que devem ser devolvidos a você ou a uma pessoa que você nomear se você também fornecer especificações para o trabalho a ser feito.

Um vendedor ambulante ou municipal que trabalha em seu nome e lhe entrega pedidos de atacadistas, varejistas, empreiteiros ou operadores de hotéis, restaurantes ou outros estabelecimentos similares. As mercadorias vendidas devem ser mercadorias para revenda ou suprimentos para uso na operação comercial do comprador. O trabalho realizado para você deve ser a principal atividade comercial do vendedor.

→ **Impostos de previdência social e Medicare**

Com retenção de impostos da Previdência Social e Medicare dos salários dos funcionários estatutários se todas as três condições a seguir se aplicarem.

O contrato de serviço declara ou implica que substancialmente todos os serviços devem ser executados pessoalmente por eles.

Eles não têm um investimento substancial nos equipamentos e propriedades usados para executar os serviços (além de um investimento em instalações de transporte).

Os serviços são executados de forma contínua para o mesmo pagador.

c) Um não funcionário estatutário

Existem três categorias de não funcionários estatutários: vendedores diretos, agentes imobiliários licenciados e certos acompanhantes. Vendedores diretos e agentes imobiliários licenciados são tratados como autônomos para todos os fins fiscais federais, incluindo impostos sobre renda e emprego, se:

→ Substancialmente, todos os pagamentos por seus serviços como vendedores diretos ou agentes imobiliários estão diretamente relacionados às vendas ou outros resultados, e não ao número de horas trabalhadas, e

→ Seus serviços são executados sob um contrato escrito, desde que não sejam tratados como funcionários para fins fiscais federais.

Os acompanhantes que não são funcionários de um serviço de colocação de acompanhantes são geralmente tratados como autônomos para todos os fins de impostos federais.

<u>Ao determinar se a pessoa que presta o serviço é empregado ou contratado independente, todas as informações que evidenciem o grau de controle e independência devem ser consideradas.</u>

▷ **Detalhes do contrato de trabalho**

Um Contrato de Trabalho, às vezes conhecido como Contrato de Empregado ou Contrato de Trabalho, é um formulário que documenta a relação comercial entre um empregador e um novo empregado/recrutamento necessário para empresas dos USA que contratam cidadãos e residentes: Ao criar seu Contrato de Trabalho, você já deve ter os detalhes de seu emprego ou novo recruta decididos.

Isso incluiria:

- A taxa de compensação e frequência de pagamento;

- Feriado e tempo de férias e se feriados bancários ou nacionais serão incluídos nas férias anuais do funcionário;

- Em que dias e horas se espera que o funcionário trabalhe, bem como o local;

- Quais serão as funções do funcionário;

- Se o novo recruta terá acesso a um regime de pensões, quer exista auto-inscrição ou certificado de subcontratação;

- Qual será a duração do período de experiência;

- Se o funcionário estará vinculado a cláusulas de confidencialidade, não solicitação ou não concorrência;

- Detalhes sobre rescisão, disciplina e procedimentos de reclamação.

➡ **Períodos de aviso prévio em um contrato de trabalho**

Existem vários períodos de aviso prévio necessários durante uma relação empregado/empregador. Ambas as partes são obrigadas a fornecer aviso em determinados momentos durante o emprego. Normalmente, o aviso é necessário para as seguintes circunstâncias:

• Para indicar a duração do período de experiência.

• Ao alterar os termos de emprego.

• Quando uma das partes deseja rescindir o contrato.

• Quando um funcionário deve faltar ao trabalho.

• Para indicar quando um funcionário se qualificará para os benefícios.

Existem diferentes períodos de aviso prévio necessários para diferentes situações. Alguns tipos requerem apenas 24 horas, enquanto outros requerem até 3 meses.

▷ **Tipos de autônomos**

O IRS.GOV (USA) considera estes tipos de autônomos:

Geralmente, você trabalha por conta própria se alguma das seguintes situações se aplicar a você.

➡ Você exerce um comércio ou negócio como proprietário individual ou contratado independente.

➡ Você é um membro de uma parceria que exerce um comércio ou negócio.

➡ Você está no negócio por conta própria (incluindo um negócio de meio período).

➡ Um freelancer (contratado independente)

Do ponto de vista legal, não há diferença entre freelancers e contratados independentes. Eles têm que pagar os mesmos impostos, pois ambos se enquadram na categoria de auto-emprego.

Os freelancers são pessoas que trabalham por conta própria, e normalmente mantêm a sua atividade profissional em casa ou num escritório próprio. Eles são livres para colaborar com quantos clientes quiserem. Na maioria das vezes, eles podem trabalhar em mais projetos ao mesmo tempo. Isso geralmente depende do tipo de atividade que eles fazem, mas na verdade acontece na maioria das vezes.

→ **Um contratante independente**

Pessoas como médicos, dentistas, veterinários, advogados, contadores, contratados, subcontratados, estenógrafos públicos ou leiloeiros que exercem um comércio, negócio ou profissão independente em que oferecem seus serviços ao público em geral são geralmente contratados independentes. No entanto, se essas pessoas são contratantes independentes ou funcionários depende dos fatos em cada caso. A regra geral é que um indivíduo é um contratante independente se o pagador tem o direito de controlar ou dirigir apenas o resultado do trabalho e não o que será feito e como será feito.

Se você é um contratado independente, então você é autônomo. Os ganhos de uma pessoa que trabalha como contratado independente estão sujeitos ao imposto de trabalho autônomo.

Você não é um contratado independente se executa serviços que podem ser controlados por um empregador (o que será feito e como será feito). Isso se aplica mesmo se você tiver liberdade de ação. O que importa é que um empregador tenha o direito legal de controlar os detalhes de como os serviços são executados.

Se existir uma relação empregador-empregado (independentemente do nome da relação), você não é um contratado independente e seus ganhos geralmente não estão sujeitos ao imposto de trabalho autônomo. No entanto, seus ganhos como funcionário podem estar sujeitos a FICA (Social Security Tax and Medicare) e retenção de imposto de renda.

→ **Empresas individuais**

Um único proprietário é alguém que possui um negócio não incorporado por si mesmo. No entanto, se você for o único membro de uma sociedade de responsabilidade limitada nacional (LLC), você não será um único proprietário se optar por tratar a LLC como uma corporação.

Em uma sociedade unipessoal, o proprietário individual tem responsabilidade pessoal ilimitada por todas as dívidas da empresa. Uma vez que nenhuma distinção é feita entre os bens pessoais do proprietário e os bens usados no negócio, os credores podem tomar qualquer um (ou ambos) para cumprir as obrigações do negócio. O sucesso deste tipo de organização depende exclusivamente do indivíduo que a possui. Sua morte encerraria o negócio e colocaria os bens em inventário, atrasando a disposição dos bens aos credores e herdeiros. A receita ou perda de negócios é "dobrada" na declaração de imposto do proprietário individual.

→ **Detalhes do contrato autônomo**

⟩ Um contrato de contratado independente é entre um contratante e um contratado que realiza um serviço para um cliente em troca de pagamento. O contratado não é um empregado do cliente. Portanto, o contratante é responsável pelo pagamento de seu imposto retido na fonte às autoridades locais e federais (de acordo com as regras do IRS - USA).

⟩ **Um contrato de subcontratado** é feito entre um empreiteiro que contrata um subempreiteiro para auxiliar na conclusão de um projeto ou serviço. O empreiteiro independente geralmente mantém um contrato de serviços com um cliente, mais comumente no setor de construção, e opta por contratar um subempreiteiro para finalizar uma parte ou a totalidade dos serviços. O acordo deve descrever todos os deveres, responsabilidades e responsabilidades do subcontratado juntamente com quaisquer outras condições (de acordo com as regras do IRS - USA).

Capítulo 20

Contrato de uso de depoimento, imagem e streaming

Antes de usar um depoimento ou foto em sua copy, peça às pessoas envolvidas que assinem um documento dando permissão irrestrita.

Este documento é chamado de Acordo de Liberação de Propriedade Intelectual (às vezes chamado apenas de "Release") é um documento pelo qual alguém libera algo que criou - como uma obra de arte, um escrito ou um filme - e cede todos os direitos a alguém senão.

Este tipo de acordo é utilizado em situações em que a pessoa autoriza que o depoimento ou foto (vídeo) ou streaming possam ser utilizados para qualquer finalidade, e em que a pessoa concorda em não manter quaisquer direitos sobre o mesmo. É feito raramente, mas às vezes é o melhor acordo que faz sentido para a situação.

Os depoimentos, fotos (vídeos) e streamings são chamados de obras de propriedade intelectual e, ao liberar os direitos, a pessoa abre mão de qualquer controle sobre o que acontece com a propriedade intelectual.

A pessoa que recebe os direitos sobre a obra pode fazer o que quiser com ela - inclusive copiá-la, distribuí-la, publicá-la ou o que mais desejar.

Nos Contratos de Liberação de Propriedade Intelectual, royalties e outras compensações monetárias geralmente não são pagos, pois a totalidade da obra está sendo liberada.

Tenha em mente que com este documento, a pessoa não reterá nenhum direito sobre a obra e também não receberá nenhum pagamento de royalties, conforme mencionado acima.

Este documento contém o nome e as informações de contato do liberador. Ele também inclui detalhes sobre o depoimento real, incluindo um espaço para o texto completo do depoimento, se desejado.

Quando este documento for preenchido, ele deverá ser impresso e **assinado pelo liberador**, ou seus pais/responsáveis se o libertador for menor de 18 anos, e uma copy mantida com cada parte.

Outros nomes para o documento: Acordo de Liberação de Depoimento, Liberação de Depoimento, Liberação de Depoimento de Usuário, Acordo de Uso de Depoimentos.

Capítulo 21

Aprendendo a dizer "NÃO"

Você quer que seus clientes sejam felizes, mas também não quer que eles abusem de seu poder econômico.

Se você achar que o trabalho vai ficar fora dos termos do contrato, chame o cliente para ajustar a situação antes que isso aconteça.

▶ <u>Seu trabalho significa lucro para seu cliente.</u>

Então:

$ Não tenha medo de renegociar o contrato escrito e aumentar os preços.

$ Não tenha medo de falar sobre dinheiro.

$ Este é o SEU negócio.

Conclusão

Embora um dos seus principais objetivos para qualquer boa copy seja obter resultados, o copywriter também precisa ter outros objetivos em mente. Bons copywriters entenderão que precisam construir um senso de confiança no leitor.

Além disso, o leitor deve ver o produto ou serviço da empresa como uma figura de autoridade. Uma vez que o leitor se identifica com o produto, é mais provável que ele tome a ação final, que é clicar no botão "comprar agora". A copy é vista como um anúncio escrito mas, é mais do que isso.

Uma ótima copy envolverá o leitor e fará com que ele sinta que este produto ou serviço resolve seus problemas. É por isso que é importante destacar questões e problemas no início de sua copy. Imediatamente atinge um acorde com as pessoas; afinal, eles estão procurando uma solução.

Uma boa copy precisa ser clara e concisa. Você quer escrever sua copy e depois voltar, editar e limpar. Olhe atentamente para cada seção e remova palavras e pontuação desnecessárias.

Quando se trata de seguir as regras gramaticais, você deve adquirir o hábito de não se preocupar com isso. Sabemos que pode ser difícil para você aceitar. Mas, você deve evitar usar gírias e grafias erradas.

Quando se trata de escrever sua copy, você precisa entrar na cabeça do leitor. Coloque-se no lugar de um potencial comprador.

Pesquise o produto e descubra quais problemas e medos seu cliente tem. Qual a idade e sexo dele? Depois de saber para quem você está escrevendo como seu público, será muito mais fácil escrever para ele.

Outro objetivo deve ser ter uma copy que seja fácil de entender e sem exageros. Temos certeza de que você leu muitos textos que soam como nada mais do que um ótimo discurso de vendas.

Você deve criar uma copy promocional que faça o leitor se sentir como se estivesse falando diretamente com ele. Que este produto ou serviço é exatamente o que eles precisa para resolver seus problemas.

"DEIXE SUAS "GRANDES" IDEIAS FLUIREM"

www.ingramcontent.com/pod-product-compliance
Lightning Source LLC
Chambersburg PA
CBHW071358210526
45465CB00001B/161